# 法国对外政策的欧洲化

The Europeanization of French Foreign Policy

龙 希◎著

经济管理出版社
ECONOMY & MANAGEMENT PUBLISHING HOUSE

图书在版编目（CIP）数据

法国对外政策的欧洲化/龙希著 . —北京：经济管理出版社，2023. 9
ISBN 978-7-5096-9270-7

Ⅰ. ①法⋯　Ⅱ. ①龙⋯　Ⅲ. ①对外政策—研究—法国　Ⅳ. ①D856. 50

中国国家版本馆 CIP 数据核字（2023）第 177997 号


组稿编辑：张馨予
责任编辑：张馨予
责任印制：黄章平
责任校对：王淑卿


出版发行：经济管理出版社
　　　　　（北京市海淀区北蜂窝 8 号中雅大厦 A 座 11 层　100038）
网　　　址：www. E-mp. com. cn
电　　　话：（010）51915602
印　　　刷：北京晨旭印刷厂
经　　　销：新华书店
开　　　本：720mm×1000mm/16
印　　　张：10. 5
字　　　数：143 千字
版　　　次：2023 年 12 月第 1 版　　2023 年 12 月第 1 次印刷
书　　　号：ISBN 978-7-5096-9270-7
定　　　价：98. 00 元

# 目 录

# 导论　法国对外政策欧洲化的研究意义与研究方法

第二次世界大战后，法国的大国地位出现式微的迹象，大部分西欧国家在冷战期间选择追随美国。戴高乐试图恢复法国的大国地位，并将法国的"伟大"与"独立"作为其外交政策思想的核心，法国成为第一个宣布退出北约军事一体化组织的西欧国家，并在 20 世纪 60 年代就采取了打击美元的举措。通过一系列对外政策，戴高乐试图建立除两大阵营外的第三种力量。在冷战时期，从蓬皮杜到密特朗都一以贯之继承了戴高乐的"遗产"。在全球化时代，法国并没有放弃想变成"世界一极"的愿望。

七十多年前，为了追求和平与经济繁荣，西欧国家继承莫内和舒曼的欧洲理念，开始走上欧洲一体化的道路，成立了煤钢共同体。法国是启动欧洲一体化的创始国之一，为欧洲一体化发展贡献了许多想法和倡议，在欧洲建设过程中发挥着重要作用。对法国而言，欧洲一体化既是为了实现其"伟大"梦想，也是为了使欧洲变得更加独立和强大。然而，在欧洲一体化的过程中，出现了国家权能让渡的现象——有些原本属于国家层面的权能被转移到超国家层面。经过几十年的一体化发展，欧洲一体化进程以经贸领域为核心，逐渐拓展到其他领域。

事实上，法国是为数不多可以在不借助欧盟的情况下，在国际事务中发挥重要力量的欧盟成员国。然而，在法国眼中，欧洲联合却是可以重现或者保留欧洲在世界影响力的唯一途径，只有借助欧洲杠杆，才能使法国在世界事务中发挥更大影响力。[①] 此外，在欧洲一体化不断深化发展的背景下，法国的对外政策也或多或少地受到其他成员国的影响，以及来自欧洲层面的限制与约束。因此，在研究法国问题的时候，只有将其置于欧洲一体化大背景下进行研究，才能得出对法国问题的准确认识。同时，由于在不同的问题领域，欧洲化的体现与程度不同，要采取多维度、跨学科、多角度的研究方法，才能对法国对外政策的欧洲化形成宏观、立体的把握。

本书的理论意义在于丰富了对外政策欧洲化的理论研究。国内外对于"欧洲化"概念的研究成果有很多，但是学界并没有形成共识，对这一概念的认识还在不断发展变化中。在对外政策欧洲化问题研究上，既有的理论主要是借助单向的研究方法或双向互动的研究方法。在单向研究方法中，没有形成欧洲化动态的互动过程，在双向互动的研究方法中，关注点集中在欧洲一体化与成员国层面的互动，其本质是一种垂直路径的研究，其前提条件是在欧洲层面已经形成一体化机制。然而，一方面，在对外政策中，欧盟的垂直领导不总是非常明显；另一方面，由于双向互动研究方法的前提是在欧洲层面已经形成一体化机制，没有"欧盟"的欧洲化[②]尚未被纳入这一研究方法内，这就需要将水平层面拉开，对水平层面行为体的欧洲化互动进行研究与分析。通过搭建水平欧洲化与垂直欧洲化相结合的理论框架，本书选取1958~2021 年法国对外政策的欧洲化进行研究，讨论法国是如何将自身的

---

① 戴高乐曾说过："欧洲，是法国自滑铁卢后，重获一流国家地位的途径。"参见 Peyrefitte, Alain, *C'était de Gaulle*, Paris：Editions de Fallois/Fayard, 1994, p. 59.

② 没有"欧盟"的欧洲化由伊龙代勒（B. Irondelle）提出。

对外政策偏好主动欧洲化，其对外政策偏好又是如何被动欧洲化的，以深化对成员国与欧盟及其他成员国之间如何相互作用的认识，在既有研究的基础上，提炼出欧洲化现象的新路径、新特点，丰富和发展"欧洲化"概念研究。

本书的实践意义在于通过研究1958～2021年法国对外政策的欧洲化，了解在欧洲化影响下，法国对外政策是否还具有传统的民族国家外交特点，又在何种程度上实现了欧洲化。法国是欧盟最重要的成员国之一，在英国脱欧的大背景下，马克龙领导下的法国作为欧盟核心成员国之一，对欧盟的领导力有增长的趋势。法国一方面可以通过欧洲化路径实现、放大自身的政策偏好，另一方面也面临着在欧洲化影响下，其他成员国和欧盟带来的适应性压力。通过揭示成员国与欧洲层面、成员国与成员国之间的相互作用与权力关系，可以深化对法国对外政策及法国在欧盟中的角色研究。

通过借助欧洲化研究框架，以1958～2021年为研究时间段，选定法国的对外政策领域，经过对一些个案的研究，分析法国对外政策中的欧洲化现象，并试图回答以下问题：法国的对外政策有没有出现欧洲化？欧洲化的出发点是什么？在对外政策的不同功能领域，欧洲化的体现或程度一样吗？欧洲化的实现路径又有哪些，为什么会出现水平层面的欧洲化，还会出现垂直方向的欧洲化吗？如果说在法国的对外政策中，既存在主动的欧洲化，又存在被动的欧洲化，那么其对外政策欧洲化的整体趋势是什么？如果欧洲是法国实现大国利益的重要途径，那么它是否每次都能实现自己的政治主张？影响欧洲化结果的因素有哪些？法国对外政策的欧洲化，对其大国身份有何影响，是加持了还是削减了它的影响力？未来，法国会进一步通过欧洲化的各种路径来借助欧洲的力量实现自身的政治抱负，还是会回到不受约束的民族国家道路上去？

"欧洲化"概念出现于20世纪下半叶，源于实践中出现了新的国际关系现象——一体化带来的超国家建构。因此，本书主要使用的理论工具是欧洲一体化理论研究中的"欧洲化"。[①] 在对既有研究梳理、概括、总结的基础上，提出本书的研究框架。本书主要采用以下研究方法：

第一，辩证唯物主义认识论。在实践与认识的相互关系中，实践是认识的来源。如果想要获得对"欧洲化"本质、特点、路径、影响的认识，就应当从具体的案例出发，从实践出发，正确的"欧洲化"理论应当能正确、全面地反映案例的现象。随着案例的变化、更新、发展，需要从实践到认识，再到实践，再认识的过程循环往复，使得对"欧洲化"问题的认识得到辩证的发展。只强调认识的某一个方面——某一个问题的"欧洲化"，或认识的某一个阶段——某一段时间内的"欧洲化"，都是经验主义的做法。本书先通过综合既有的理论研究，提出研究的理论框架，并应用到实证研究中，通过实证研究，再次印证理论框架并进行补充与完善。

第二，跨学科综合分析法。欧洲化理论严格来讲不是纯粹的国际关系理论，它是一种国家融合理论，包含超国家成分，大量的国与国之间的关系是通过程序与法律来解决的，涉及的学科领域本就比较广泛，加之在人文社科研究中，各个学科之间相互联系，界限比较模糊，跨学科研究也是一种较为常见的研究方法。在不同的问题领域，法国对外政策的欧洲化有不同的体现、不同的程度，为了更深入地进行研究并形成立体的认知，本书包含国际经济学、历史学、地缘政治学、国际法、社会学等跨学科研究方法。

第三，历史分析法。对法国对外政策欧洲化的分析要基于史实，充分借助档案、访谈等一手材料。从客观史实中剖析法国对外政策的欧洲化互动，

---

① 通常来说，"欧洲化"被认为是欧洲一体化理论研究中的一种特殊的研究流派，是欧盟研究中一个完全独立的子领域。参见［法］奥利维耶·科斯塔、娜塔莉·布拉克：《欧盟是怎么运作的》，潘革平译，社会科学文献出版社2016年版，第49-70页。

并从中进行归纳、分析、比较和总结，探究出法国对外政策欧洲化的一般性规律。以时间为轴，对"二战"后的法国对外政策史进行梳理，提炼出法国对外政策的特性；以关键史实为点，分析法国所处的时代背景和对外政策欧洲化的内源动力、路径、影响因素、结果。

第四，案例分析法。基于欧洲化的研究框架、法国对外政策的特性、对外政策欧洲化的目标与所涉及问题的领域，选取法国与北约防务分歧和法国与美国货币之争为案例，深入挖掘法国对外政策中的欧洲影响，或者相反地，从而获得对法国对外政策欧洲化的总体认识。

第五，定量与定性分析相结合的方法。定性分析法是人文社科研究采用的传统研究方法，这种研究方法带有一定的主观性，而定量分析法基于明确的数量关系与数量变化，可以避免因主观界定的不一致带来结论的不一致，尤其在法国与美国货币之争问题上，法国因美元霸权遭受的损失，法国打击美元行动的升级，需要借助定量分析，把量化结果作为直接、有力的论据进行论证。因而，为了增强研究的科学性、客观性，本书采取定量与定性分析相结合的方法。

本书也存在创新与不足。本书的创新点有以下几个方面：

第一，有一定的理论创新。"欧洲化"概念最早是由西方人提出来的，近年来，中外学者们都在试图解释"欧洲化"，就导致"欧洲化"的理论研究很多样，研究起来较为复杂，在学界尚未达成共识。由于对"欧洲化"没有统一的定义，本书通过对"欧洲化"概念的进一步挖掘，结合典型案例进行分析，提出自己的理论观点，抛砖引玉，使"欧洲化"研究方法得到新发展。

第二，研究视角新颖。国内外不乏研究法国对外政策和欧洲一体化或者欧盟的学术成果，但是随着欧洲一体化的不断深入，对于法国各方面的政策都要考虑欧洲一体化带来的影响。对外政策的欧洲化既是衡量欧洲一体化程度的尺度，也是证明成员国对外政策自主水平的一种工具，对于我们理解欧洲对外关系的主体及主体权能的变化具有重要意义。同时，观察成员国对外政策欧洲化的方式，特别是如法国这样有独立外交历史的欧盟大国的方式，也有助于判断欧盟对外政策的方式。目前来看，大多数法国对外政策欧洲化的研究分散地局限于某个领域、地域、事件或时间点（段），且大部分的研究集中在 2013 年以前。结合法国对外政策的新动态，本书站在新的历史高度看问题。区域国别研究方法尚处于讨论阶段，学界对该如何进行区域国别研究莫衷一是，这对研究带来一定困难，但也为本书参与区域国别研究方法的研究提供了机遇。区域国别研究应该是跨学科、多维度、多角度的，以问题为抓手，以理论为牵引，理论与实践相结合，历史与现实相结合，既有理论高度，又有实践意义。

第三，研究资料较前沿、较全面。挖掘了大量法文和英文的一手资料，包括国际条约、欧盟决议、欧盟报告、法国外交部档案，以及历届法国总统的言论、书信、自传或回忆录等。在此基础上，在受新冠疫情影响难以出国调研的情况下，通过线上的方式与法国专家学者进行学术讨论与交流。此外，由于是跨学科研究，因此还向跨学科领域的专家请教，了解他们在新冠疫情暴发之前在法国和一些国际金融机构的实地调研经验，尤其是与这些金融机构高管的访谈内容。通过对一手资料的分析和对不同领域学科最前沿问题的访谈学习，本书内容更加严谨、全面、科学。

尽管本书对法国对外政策的欧洲化进行了颇有意义的研究，但是因个人能力和主客观条件的限制，仍有以下不足：首先，理论框架有待进一步完善。本书对"欧洲化"概念进行了概括、归纳、总结，并在此基础上补充了自己的理论观点，但是要想形成成体系的理论框架，还需要进一步的思考与完善。

其次，随着国内国际局势的变化，法国对外政策可能会出现新动态，而随着欧洲一体化的不断深入发展，"欧洲化"可能会出现新的表现与特点，需要实时跟踪，进一步跟进观察与研究。这些不足需要通过日后继续完善理论构架，提高自身的分析能力，积极挖掘更新、更权威的材料等来加以弥补。

# 第一章 "欧洲化"研究现状及框架

欧洲一体化的理论研究一直受到欧洲一体化进程的影响。自 20 世纪 50 年代至今,随着欧洲一体化进程的发展,在有关欧洲的研究中出现了政府间主义、新功能主义、联邦主义、新制度主义、建构主义等多种理论研究。然而,从 20 世纪 90 年代开始,欧洲化理论和实证研究作为一个特殊的研究流派,在欧盟研究中占据重要地位。本章介绍现有"欧洲化"概念研究及其局限性,在对"欧洲化"概念和对外政策欧洲化代表性研究方法阐释的基础上,充分借鉴既有研究方法合理性,进一步发展对外政策欧洲化的研究方法,提出本书的理论框架。

## 一、现有的"欧洲化"问题研究

### (一)"欧洲化"概念及路径

"欧洲化"的概念最初是由国外学者提出来的。在"欧洲化"的概念研究中，最早提出来的是一种单向的研究方法，即认为"欧洲化"是以"自上而下"的方式实现的，是欧盟对各成员国产生影响，这种观点的代表人物是莱德克（R. Ladrech），他认为"欧洲化"是"一个渐进的、在某种程度上重新定位政治方向和形态的过程，欧共体的政治和经济动态变化通过这一进程成为国家政治与决策的组织逻辑的一部分"①。而史密斯（M. E. Smith）指出"欧洲化"是"欧洲政治合作（后来是欧盟共同外交与安全政策）向更接近欧共体规范、政策和习惯的方式移动而自身不被超国家化的进程"②。总体来说，这种观点是在"欧洲一体化"理论较为丰富，欧洲经济一体化发展得较为成熟的情况下提出来的。这种视角重点讨论的是欧洲层面的政策、规范是如何作用于成员国或者申请加入欧盟的国家的。但是施密特（V. A. Schmidt）认为欧洲化对每个国家作用的程度和影响是不一样的，通过研究国家民主的欧洲化，她认为欧盟对简单政体的影响比对复合政体更大，但两者都要面对与欧盟相关的治理实践的改变问题，也要面对给传统民主观点带来的挑战，欧洲一体化虽然对各个国家的影响不同，但是每个国家都要按照欧洲化找到自己的方式来重新评估民主。③

除了"自上而下"，另一种观点认为"欧洲化"是以"自下而上"的方式

---

① Ladrech, R., "Europeanization of Domestic Politics and Institutions: The Case of France", *Journal of Common Market Studies*, 32/1, 1994, pp. 69–88.

② Smith, M. E., The "*Europeanization*" *of European Political Co - operation: Trust, Transgovernmental Relations, and the Power of Informal Norms*, Berkeley: Center for German and European Studies, 1996, 转引自 Roy H. Ginsberg, "Conceptualizing the European Union as an International Actor: Narrowing the Theoretical Capability-Expectations Gap", *Journal of Common Market Studies*, Vol. 37, No. 3, September 1999, pp. 429–454; Smith, M. E., "*Beyond Bargaining: The Institutionalization of Foreign Policy Cooperation in the European Community, 1970–1996*". PhD thesis (Irvine: Universtiy of California), 1998, 转引自 Roy H. Ginsberg, "Conceptualizing the European Union as an International Actor: Narrowing the Theoretical Capability-Expectations Gap", *Journal of Common Market Studies*, Vol. 37, No. 3, September 1999, pp. 429–454.

③ Schmidt, V. A., "Europeanization of National Democracies: The Differential Impact on Simple and Compound Politics", *Politique Européenne*, Numéro 13, 2004/2, pp. 115–142.

实现的，即成员国在某一特定领域对欧盟的政策产生了影响，后欧洲层面又作用于国家层面，国家层面又作用于欧洲层面，欧洲化包括新的政治层面和旧的政治层面相互作用的演变。这种观点的代表人物有里塞（T. Risse）、考尔斯（M. G. Cowles）及卡波拉索（J. Caporaso）①。里塞、考尔斯及卡波拉索将"欧洲化"定义为"欧洲层面出现和发展不同治理结构，即与解决政治问题相关联的政治、法律与社会结构的出现与发展，行为体的互动正式化，以及专门用于创建权威性欧洲规则的政策网络的出现与发展"②。

第三种观点把"欧洲化"视为一种动态过程，认为欧洲化是欧洲治理层面与国家治理层面不断相互作用的结果，形成一个闭环运动，代表人物是博泽尔（T. A. Börzel）。博泽尔认为欧洲化是一个双向过程，既包含"上传"（upload）的路径，也包含"下载"（download）的路径，即由于欧盟的压力，成员国需要从欧盟"下载"相关规则和规范进行适应，而为了输出自己的国内制度和政策，减少适应成本，成员国也常常向欧洲"上传"动机和行为并使之"欧洲化"，这种"上传"与"下载"同时发生，难以区分③。

除了政治学的定义，在其他学科的视角下，学者对这一概念可能会有不同的理解和阐释。雅科（S. Jacquot）和沃尔（C. Woll）通过社会学视角研究"欧洲化"概念，并指出欧洲一体化的三个用途，即战略用途、认知用途和合法化用途；于贝尔（G. Hubert）认为社会学视角下的"欧洲化"更多的是"自

---

① Cowles, M. G., Caporaso, J., and Risse, T., *Transforming Europe: Europeanization and Domestic Change*, Ithaca: Cornell University Press, 2001, pp. 1-20.

② Risse, T., Cowles, M. G., and Caporaso, J., "Europeanization and Dometic Change: Introduction", in Cowles, M. G., Caporaso, J., and Risse, T., *Transforming Europe: Europeanization and Domestic Change*, Ithaca: Cornell University Press, 2001, pp. 1-20.

③ Börzel, T. A., "Pace-Setting, Foot-Dragging, and Fence-Sitting: Member State Responses to Europeanization", *Journal of Common Market Studies*, Vol. 40, 2002, pp. 193-214.

下而上"的过程，通过行为体的日常互动和相互依存来理解欧洲建设方法①。布斯马尔（É. Bousmar）、图西尼昂（N. Tousignant）和沃尔兰（G. Warland）通过历史学视角研究"欧洲化"概念，认为狭义上，"欧洲化"指欧洲框架下，由超国家机构发展导致的对国家和社会运作的改变；广义上，"欧洲化"是指人民、文化、遗产的缓慢趋同，并逐渐自我认知为且被认知为是"欧洲的"②。韦迪尔（C. Verdure）定义了法律的"欧洲化"，认为从狭义上讲，法律的"欧洲化"是指超国家的欧洲法律对国家法律系统施加影响的过程，从广义上讲，是指60多年来，欧盟和欧委会通过法律施加影响③。

此外，赖纳·艾辛通过"欧洲化"和欧洲一体化概念的比较，认为欧洲化概念的使用者对新功能主义进行了一定修正，比起新功能主义，前者"更加强调政治运行的复杂性，更加关注欧洲和国家发展之间转化机制的系统研究，强调在变化的机会结构框架中的利益诉求以及传播、学习和社会化进程"④。贝娅特·科勒—科赫（B. Kohler-Koch）等指出欧洲化带来制度变化，有预先规定、各方介入和提出建议三种途径，并分析了社会政策欧洲化的程度及其对各国社会政策模式的影响⑤。科斯塔（O. Costa）、布拉克（N. Brack）梳理了"欧洲化"概念、理论之争及最新发展，指出欧洲一体化

---

① Jacquot, S., and Woll, C., "Usage of European Integration-Europeanisation from a Sociological Perspective", *European integration online papers* (*EIoP*), No. 7, 2003; Gaëlle Hubert, "La sociologie comme extension au débat de l'Européanisation", in Denis Duez, Olivier Paye, Christophe Verdure, *L'Européanisation. Sciences humaines et nouveaux enjeux*, Bruxelles：Bruylant, 2014, pp. 55-84.

② Bousmar, É., Tousignant, N., and Warland, G., L'Européanisation au regard des historiens, in Duez, D., Paye, O., and Verdure C., *L'Européanisation. Sciences humaines et nouveaux enjeux*, Bruxelles：Bruylant, 2014, pp. 115-148.

③ Verdure, C., L'européanisation et le droit, in Duez, D., Paye, O., Christophe Verdure, *L'Européanisation. Sciences humaines et nouveaux enjeux*, Bruxelles：Bruylant, 2014, pp. 85-114.

④ ［德］赖纳·艾辛：《欧洲化和一体化：欧盟研究中的概念》，《南开学报（哲学社会科学版）》2009年第3期，第1-10页。

⑤ ［德］贝娅特·科勒—科赫、托马斯·康策尔曼、米歇乐·克诺特：《欧洲一体化与欧盟治理》，顾俊礼、潘琪昌、周弘、刘立群、张浚、杨解朴译，中国社会科学出版社2004年版。

在不同层面引起的阻力越来越大，所以"欧洲化"的问题也越来越重要①。

国内对于"欧洲化"概念的研究不算特别丰富。早期的国内研究主要是对国外研究成果进行梳理、总结、归纳、比较，并对"欧洲化"概念提出一些基础性的看法。古莉亚分析了"欧洲化"概念的引入并对其进行辨析，针对欧盟对其成员国内政施加的影响提出了新问题，指出了当下研究所存在的不足②。李明明在分析"欧洲化"产生的理论背景和争论焦点的基础上，对其定义和概念框架进行了分析，认为"欧洲化"是"在一体化背景下，欧洲层面治理体系的产生和发展冲击国内结构并促使其进行适应和做出回应的进程"③。

此外，还有一些学者对概念进行比较研究，对"欧洲化"与"欧洲一体化"概念进行辨析。吴志成、王霞（2007）阐述了"欧洲化"研究的现状，联系"欧洲一体化"的概念，认为"欧洲化"与"欧洲一体化"既有区别又有联系，所反映的是两个相辅相成、不可分割的过程，在一起共同构成闭合、循环的互动过程④。

近年来，也有一些国内学者通过对"欧洲化"概念的研究，在西方学者理论的基础上进行补充与完善。张骥（2011）认为在"欧洲化的双向运动"中，欧洲化存在互动性、历史性、不对称性和开放性⑤。贺刚（2017）强调分析对象国自身因素，将国家身份的转变和进化视为因变量，并将"欧洲化"视为一种身份认同和身份进化的过程⑥。李泽生（2015）选取"欧洲

---

① ［法］奥利维耶·科斯塔、娜塔莉·布拉克：《欧盟是怎么运作的》，潘革平译，社会科学文献出版社 2016 年版。

② 古莉亚：《"欧洲化"：欧盟研究的一个新视角》，《现代国际关系》2007 年第 9 期，第 59-62 页。

③ 李明明：《"欧洲化"概念探析》，《欧洲研究》2008 年第 3 期，第 18-31 页。

④ 吴志成、王霞：《欧洲化：研究背景、界定及其与欧洲一体化的关系》，《教学与研究》2007 年第 6 期，第 48-55 页。

⑤ 张骥：《欧洲化的双向运动：一个新的研究框架》，《欧洲研究》2011 年第 6 期，第 131-144 页。

⑥ 贺刚：《欧洲化的研究路径：反思与重构》，《国际关系研究》2017 年第 5 期，第 20-33 页。

化"的路径之——国家投射欧洲化为研究对象，并在对其他学者研究的基础上，对国家投射欧洲化的定义进行完善与分析，认为国家投射欧洲化是"成员国出于各种不同目的，将自己的政策偏好、进程、政策、行事方式上传到欧盟层面，以影响欧盟层面独特的文化、治理结构和政策出现进程的过程"①。

从对这些观点的梳理不难看出，学者们各抒己见，都在试图定义欧洲化，这实际上加剧了欧洲化概念研究的复杂性。但如果分析这些文章和专著，就会发现存在一个共识——欧盟法优先原则并没有给欧洲带来统一，成员国之间仍具有异质性。这些研究也逐渐从什么是欧洲转向欧洲在做什么，从政体（polity）研究转向政策（policy）研究。

### （二）对外政策的欧洲化：以法国为例

随着"欧洲化"概念讨论的日益激烈，成员国对外政策欧洲化的概念也被提出来，多拉（B. Tonra）认为对外政策的欧洲化是一种"转换"，它是国家对外政策被创建的方式，专业角色被定义的方式，是复杂的欧洲集体政策系统中产生的规则与期望的内化②。但目前被最广泛认可的就是鲁本·王（R. Wong）的定义，他对成员国对外政策欧洲化的定义可被归纳为适应与政策趋同、国家投射和身份重建③。此外，关于对外政策欧洲化的机制，德弗莱尔（N. A. de Flers）和穆勒（P. Müller）认为，在"上传"和"下载"的

---

① 李泽生：《国家投射欧洲化——一种独立的研究视角》，《世界经济与政治论坛》2015年第4期，第46—56页。

② Tonra, B., "Denmark and Ireland", in Manners, I. and Whitman, R., *The Foreign Policies of the European Union Member States*, Manchester: Manchester University Press, 2001.

③ Wong, R. Y., *The Europeanization of French Foreign Policy-France and the EU in East Asia*, New York: Palgrave Macmillan, 2006, p. 16.

方式中，政策学习和社会化是发生对外政策欧洲化的关键机制。①

　　国内研究法国对外政策欧洲化的文献并不多，大多数研究主要关注某一个领域、某一个事件，并且近几年的研究成果较少。彭姝祎（2008）研究了法国对外文化政策的欧洲化，通过分析法国对外文化政策欧洲化的表现，探讨法国对外文化政策欧洲化背后的深层动因②。范静（2019）通过"黄马甲"运动，结合张骥提出的"欧洲化双向运动"的研究框架，分析了"黄马甲"运动的成因和该运动对法国内政外交政策的影响，解释了"黄马甲"运动中的欧洲化现象。③

　　张骥（2009）认为法国与欧盟安全与防务政策之间的双向欧洲化运动具有互动性、不对称性、历史性和开放性的特征；法国将政策偏好投射到欧洲层面，同时也受到欧盟和其他成员国的影响和限制；确立欧盟安全与防务政策，是实现法国政策偏好的欧洲化，但法国政策偏好受到的牵制和影响也越来越强；法国政策出现适应性调整，但其调整改变的最终目的是推动欧盟安全与防务政策深化发展。④

　　此外，龚权（2019）通过案例分析进行英、法、德对欧盟共同外交政策适应研究，认为在结构性外交政策与高利益相关性下，成员国政策适应更容易，在关系性外交政策与低利益相关性下，成员国更容易采取消极行为。⑤

　　在国外研究方面，霍夫曼（S. Hoffman）等（1998）认为法国对外政策

　　① de Flers, N. A., and Müller, P., Dimensions and Mechanisms of the Europeanization of Member State Foreign Policy: State of the Art and New Research Avenues, *Journal of European Integration*, 2012, Vol. 34: 1, pp. 19-35.

　　② 彭姝祎：《法国对外文化政策的欧洲化与认同问题》，《欧洲研究》2008年第1期，第59-73页。

　　③ 范静：《"黄马甲"运动及其对法国内政外交政策的影响——基于"欧洲化双向运动"视角》，《法国研究》2019年第3期，第26-36页。

　　④ 张骥：《法国与欧盟安全与防务政策（ESDP）：欧洲化的双向运动》，复旦大学博士学位论文，2009年。

　　⑤ 龚权：《主要成员国对欧盟共同外交政策适应研究》，上海外国语大学博士学位论文，2019年。

是国家利益导向的，而不是为了欧洲整体利益考虑①。这一主张被其他学者总结为，如果存在欧洲化，那也只是"自下而上"的欧洲化，比如国家投射。②

鲁本·王（R. Wong）（2006）认为法国在20世纪90年代前忽视对东亚外交，在90年代后，通过双边和多边（主要是欧盟）的渠道加强了与这一地区国家的联系。在这一地区，法国对外政策出现双向的欧洲化现象：一方面，法国时而把欧盟作为发挥其影响力的倍增器（multiplier），加强自己在该地区的对外政策，时而把欧盟作为保护伞，以期抵御外来风险；另一方面，欧盟在东亚地区存在的加强，影响甚至有时候替代了成员国的行为，影响了成员国对外政策的自主权。但是，也存在法国反抗欧洲集体决策的行为。鲁本·王的分析是从"二战"后到2005年前，他认为总体趋势是法国对外政策的"民族主义"特点弱化，"欧洲"特点增强。③

穆勒（P. Müller）（2013）分析了法国对中东地区冲突政策的欧洲化，认为在戴高乐时代，戴高乐对阿拉伯地区实施的政策引领了欧洲共同外交政策，从20世纪90年代开始，法国的领导力被削弱，欧洲层面的合作迫使法国在这一地区的对外政策在"再国家化"和"促进欧洲共同路径"中摇摆。④

沙里永（F. Charillon）和鲁本·王（R. Wong）（2011）指出，法国对外政策并没有出现"大规模改变"的"欧洲化"，法国外交思想和政策制定过程的"布鲁塞尔化"是在戴高乐主义对国家独立和领导欧盟的明显偏好之下

① Hoffmann, S., Obstinate or Obsolete? The Fate of the Nation-State and the Case of Western Europe, *Daedalus*, Vol. 95, No. 3, Tradition and Change, Summer, 1966, pp. 862–915; Alistair Cole, *French Politics and Society*, London: Prentice Hall, 1998.

②③ Wong, R. Y., *The Europeanization of French Foreign Policy-France and the EU in East Asia*, New York: Palgrave Macmillan, 2006.

④ Müller, P., The Europeanization of France's Foreign Policy towards the Middle East Conflict-from Leadership to EU-accommodation, *European Security*, Vol. 22 (1), March 2013.

发挥作用的。在投射偏好的时候，法国也越来越多地接受共同外交与安全渠道和决策过程中复杂而相互依存的规则，与其他欧盟成员（不仅是最大的成员国，而且还包括欧盟委员会和较小的成员国）讨论，并试图说服他们。重新定义法国在欧盟的角色要从宏大的意识形态分歧（如戴高乐主义者、欧洲主义者或大西洋主义者）过渡到更现代的以议题为导向的分歧（如在中东、非洲或巴尔干地区）。法国在中东、亚洲或环境问题上自己的能力不足，只能借助欧洲合力产生明显的影响，但将欧盟方法和更欧洲化的法国对外政策作为法国外交的默认机制，仍然难以实现。①

库菲尼亚尔（G. Couffignal）研究了法国对拉美政策的欧洲化，认为拉美地区不是法国外交的重点，而且除了个别拉美国家外，拉美地区作为一个整体对法国的重要性在下降，早期法国把欧洲作为潜在的影响力倍增器（multiplier），试图将自己的政策偏好"上传"到欧洲层面的机构，但是如今法国对外政策只关注个别政治上或经济上可能与新的世界秩序建立有关的拉美国家，放弃了对拉美地区作为一个整体合作的野心，交由欧盟机构、在西班牙主导下与拉美地区开展合作，对外政策转向"下载"式的欧洲化②。

巴莱克斯（C. Balleix）研究了法国对外援助的欧洲化，认为早期法国主导欧洲对外援助的方向，受援国主要是法国前殖民地，援助涉及的领域也是法国优先考虑领域，欧盟委员会发展总司由法国人主导，法国可以将政策偏好投射在欧洲层面，但在德国、西班牙和葡萄牙的施压下，受援国范围扩展到亚洲和拉美，这些地区当时并不是法国优先考虑的影响范围，对外援助地

① Charillon, F., and Wong, R. France: Europeanization by default? in Reuben Wong and Christopher Hill eds., *National and European Foreign Policies–Towards Europeanization*, New York: Routledge, 2011.

② Couffignal, G., France: From Uploads to Disengagement, in Lorena Ruano, *The Europeanization of National Foreign Policies towards Latin America*, New York: Routeledge, 2012.

域转向表明法国出现"适应性"的"欧洲化"现象①。

克菲勒（A. É. Gfeller）在研究 1973~1974 年石油危机背景下欧洲身份的构建问题时，指出蓬皮杜与戴高乐式的欧洲政治合作方式决裂，蓬皮杜认为对外政策需要欧洲政策和制度框架，然而，法国在第一次石油危机中，未能成功说服欧共体成员在联合国框架下讨论石油禁运，最终法国认为对欧洲最有利的方案没有被采纳，欧洲国家各自采取了被认为对自己最有利方案，这也意味着在石油危机问题上法国对外政策"欧洲化"的失败②。

伊龙代勒（B. Irondelle）以 1991~1996 年法国军事政策为例，强调"欧洲化"与欧洲一体化的辩证关系，认为这一时期法国军事政策改革经历了"欧洲化"，但这种"欧洲化"不仅发生在一体化过程之后，还发生在共同机制与政策的形成过程中和形成之前，即没有"欧盟"的欧洲化。③

## 二、现有研究的不足

首先，以"自上而下"的方式研究"欧洲化"有其局限性。"自上而下"的研究方法难以确定独立变量、非独立变量及因果联系，而且它是一种单向研究方法。它没有试图解释欧盟层面的规则是如何形成的，而是在解释

① Balleix, C., Peut-on parler d'un européanisation de la politique française de coopération au développement?, in Bossuat, Gérard, (dir.), *La France, l'Europe et l'aide au développement. Des traités de Rome à nos jours*, Paris: Institut de la gestion publique et du développement économique, Comité pour l'histoire économique et financière de la France, 2013.

② Gfeller, A. E., *Building a European Identity: France, The United States, and the Oil Shock, 1973-1974*, New York: Berghahn Books, 2012.

③ Irondelle, B., Europeanization without the European Union? French Military Reforms 1991-1996, *Journal of European Public Policy*, 10: 2 April 2003, pp. 208-226.

它是如何应用的。"欧洲化"在这种视角下,不是一个如何趋同的问题,而是一个如何改变的问题。因为有不同的反对观点,欧洲化可以引入一个改变,但是在各个国家带来的改变总是不一样的。

其次,"自下而上"的"欧洲化"有其理论贡献,即行为体不再仅仅被作为要承受的一方,而是可以参加到创建这些未来会对自己产生影响的"限制要求"中去,充分考虑到欧洲机制系统的初始形成过程,避免了"自上而下"方法中的机械化,充分考虑到了欧洲层面与国家层面的互动,然而,这种观点仍有其理论局限性,因为它仍然是在区分成员国对欧盟的影响和欧盟对成员国的影响,虽然强调了互动性,但还是认为要先有一个向上的过程(第一时间),才能再有一个向下的过程(第二时间),并且这种动态图似乎太过简单,实际上欧洲化的互动过程远远比这种观点所认为的路径复杂得多。

最后,把"欧洲化"视为一种动态过程,认为欧洲化是欧洲治理层面与国家治理层面不断相互作用的结果,较之前的理论更进一步,但这种观点也有其理论的局限性,因为它仍没有跳脱出把"欧盟"作为唯一的或者重要的"欧洲化"行为体的逻辑思维,"欧盟"俨然成了实现"欧洲化"的必要条件,"欧洲化"被简单理解成"欧盟化"了。

总之,在"欧洲化"概念研究问题中,无论是国内研究,还是国外研究,都强调欧洲层面和欧盟的作用,以及"上传"和"下载"的路径,然而在对外政策领域中,从欧盟到成员国的垂直领导并不总是很明显,在一些问题上,欧洲层面机构的权能较弱,"欧洲化"更多以自愿的方式实现。因此,除了成员国层面与欧洲层面的互动研究,成员国层面是如何协商一致的,在既有的成员国对外政策欧洲化的研究框架中重视不够。

此外,大部分对"二战"后法国对外政策全貌或整体性研究只更新到2015年,近两任法国总统的大部分对外政策研究尚未被纳入到对法国对外政策的整体性研究当中，而既有的对外政策研究成果更多的是从传统外交视角进行研究，普遍对法国对外政策的"欧洲化"因素和影响不够重视。在欧洲一体化深入发展的背景下，法国对外政策研究中的"欧洲化"视角是十分重要的，它能更好地帮助理解法国与其他成员国、与欧盟在对外政策领域中的互动。而专注于法国对外政策欧洲化的研究中，大部分研究分散地局限于某一个领域、某一个地域、某一个事件或某一个特殊的时间点（段）。欧洲一体化的深入程度在不同领域是不同的，而且一体化进程有先有后，一体化程度高低不同，加之由于这些领域的特点不同，政治性高低的不同，欧洲化在不同的领域是否有不同的体现，欧洲化的程度是否存在不同，目前研究较少。此外，作为欧洲大国，法国在欧洲一体化建设中具有特殊地位，一些欧洲一体化的重要成果就源于法国人的设想，如果不结合法国宏大的外交战略目标，不结合法国对外政策的特性和"欧洲设想"的初衷，也不把研究问题放到历史中、国际环境中、立体维度中，就很难全面认识法国对外政策的"欧洲化"问题。

因而，本书在既往研究的基础上，试图通过选取个案并进行研究分析，获得对法国对外政策欧洲化的总体认识，并遵循着从"认识"到"实践"，再从"实践"到"认识"的认知过程，对"欧洲化"的概念研究作出补充和创新。

## 三、"欧洲化"问题研究框架

20世纪50至80年代，欧洲一体化理论的关注点主要在欧洲一体化的启动与发展的原因上，即成员国为何会同意向欧洲层面让渡部分权能。随着后来欧洲层面的机制建设不断发展深化，对欧洲制度与政策的研究越来越多，而这些欧洲层面的制度与政策也使得成员国以及希望加入欧盟的国家的国内机制与政策随之发生改变。在这种背景下，"欧洲化"概念应运而生，早期学者主张"自上而下"的研究路径，后来又进行进一步完善，形成了"自下而上"和把"欧洲化"视为"互动过程"的研究方法。

"欧洲化"的定义是什么呢？结合"欧洲化"概念的产生背景，"欧洲化"概念在产生之初，指的是欧洲层面政治和经济的动态变化成为国家政治与决策的组织逻辑的一部分的过程①。由于对这一概念的定义只强调了欧洲层面对国家层面的作用，忽略了国家层面对欧洲层面的作用，以及国家与国家之间的互动，随着学者们对"欧洲化"概念的不断发展②，目前，拉达埃利（C. Radaelli）的定义得到了大多数学者的认同，即"欧洲化"是各类正式和非正式的规则、程序、公共政策的范式、风格、行事方式以及共同信念的建构、扩散、制度化过程。③ 温格（M. P. Vink）和格拉齐亚诺（P. Graziano）将"欧洲化"概念进行进一步简化，即"各国适应区域一体化的过程"④。

由此可见，"欧洲化"与"欧洲一体化"既有区别，又有联系。首先，通过分析"欧洲化"概念出现的背景，可以发现"欧洲一体化"是"欧洲化"概念出现的前提与基础，在出现"欧洲一体化"之后，才有可能出现对民族国家如何适应区域一体化的过程的讨论。其次，两个概念强调的侧重点不同，"欧洲一体化"更加强调欧洲层面的政策、规范、程序、制度等形成

---

① Ladrech, R., "Europeanization of Domestic Politics and Institutions: The Case of France", *Journal of Common Market Studies*, 32/1, 1994, pp. 69-88.

② 关于"欧洲化"概念的演变与发展，详见本书第8-13页。

③ Radaelli, C., The Europeanization of Public Policy, Featherstone, K., C. Radaelli, *The Politics of Europeanization*, Oxford: Oxford University Press, 2003, p. 30.

④ Vink, M. P., Graziano, P., Changes of a New Research Agenda, in Graziano, P., Vink, M. P., (dir), *Europeanization: New Research Agendas*, New York: Palgrave Macmillan, 2007, p. 7.

的过程，而"欧洲化"更加关注国家的能动性与国家层面发生的变化。再次，"欧洲化"反映了"欧洲一体化"的结果与影响，同时，"欧洲化"也是"欧洲一体化"进一步发展的动力来源。"欧洲一体化"是民族国家之外的一种治理方式，给国家层面带来"欧洲化"的变化，这是一种从欧洲层面到国家层面的"欧洲化"。最后，也存在从国家层面投射到欧洲层面的"欧洲化"，会促使欧洲层面进行进一步调整、改变，甚至形成新的政策、规则，从而进一步推动了"欧洲一体化"向前发展。①

奥尔森（J. P. Olsen）认为"欧洲化"的概念大致有五种用途：第一，把"欧洲化"作为外在边界的变化。欧洲被定义为一个地理空间，因此讨论的主体不总是指欧盟。比如，当讨论移民政策的欧洲化时，这里指的是申根区，而不是指欧盟，因为欧盟中有一些成员国并不在申根区，如爱尔兰，而有一些国家虽不是欧盟成员国，但在申根区，如瑞士、冰岛等。因此，"欧洲化"与"欧盟化"这两个概念是有区别的。但如果拿"欧盟"作为参考模型，"欧洲化"与欧盟扩大问题相关；如果想加入欧盟，要满足哥本哈根标准，实现市场经济以及拥有能够接受共同体发展成果的能力等，因此加入欧盟是有标准的，只有符合这些标准，才有可能加入欧盟。第二，把"欧洲化"作为欧洲层面的制度发展和管理模式。它包括加强集体行动的组织能力（建立机构、法律等）和发展共同的理念（共同价值观、政治模式等），如新的规范和对公民身份、成员国身份的集体解读。它包含两个理解路径：一个是政府间主义视角，这是成员国的理性选择，尤其是力量较强的成员国可以通过比较成本与收益，把自己的观点强加给别人；另一个是机制主义视角，

① 观点参考吴志成、王霞：《欧洲化：研究背景、界定及其与欧洲一体化的关系》，《教学与研究》2007年第6期，第48-55页；房乐宪：《欧洲政治一体化：理论与实践》，中国人民大学出版社2009年版，第288-308页；陈玉刚：《欧洲制宪与欧洲一体化：国际关系的解读》，《欧洲》2002年第5期，第12-22页；宋新宁：《探寻和平之路：欧洲一体化的历史渊源》，《世界政治研究》2020年第4期，第1-26页。

它涉及路径依赖和溢出效应，新的变化是被已存在的机制安排影响和限制的。第三，把"欧洲化"作为国家政治体系中的管理转变，从这一视角研究欧洲一体化对国家机构和政策的影响。在这一视角下，欧洲就是一个独立的变量，对"欧洲化"的研究将集中在对欧盟指令的研究上，指令就成为研究成员国不同点的理想工具。具体有两种路径：一种是经验学习，假设接收到欧共体规则的行为体有学习的能力，有根据背景和机会做出改变的能力；另一种是竞争性选择，适者生存，在共同体法律改变行为体所处环境的情况下，一些行为体能适应这种变化，而有一些行为体无法适应而被淘汰。能解释这些改变的因素包括：涉及的领域、适应的代价、工具代价（是否有强制性的法律）以及成员国不同的社会历史状况等。但是，如果把欧洲作为独立变量也是有局限的，因为它也可以作为全球化与成员国之间的一种缓冲。此外，从概念上来讲，欧洲化和全球化有相似的特点，它们都产生结构效应和规范效应并作用于国家。第四，把"欧洲化"作为欧洲独有的政治组织形式的输出。从历史的角度看，"欧洲化"可以被理解成为在欧洲以外的地方传播欧洲的生产生活方式、语言、宗教、理念、政治原则、机构和身份等。它的实现方式主要通过两种渠道：一种是殖民、强制和强加的手段，把欧洲的政治组织方式进行传播；另一种是自愿的模仿学习，是指接收者复制欧洲方法，认为这些方法是合理的、有用的。第五，把"欧洲化"作为政治统一计划，作为一种使欧洲成为更加有特点、更融合、更强大的政治体的政治发展。在政治组织方面，欧洲更加协商一致，发展欧洲公共空间，在政治系统的合法性条件和行动条件上拥有共同的价值观，拥有共同的归属感。①

通常认为实现"欧洲化"有三种机制：第一种是在欧洲层面产生一种模

---

① Olsen, J. P., "The Many Faces of Europeanization", *Journal of Common Market Studies*, 40/5, 2002, pp. 921-952.

式，要求成员国采取特定措施以遵守欧盟要求，也被称为"积极的垂直一体化"。共同体的政策会直接取代国内的规则安排，因此会对国内已存在的规则安排进行重塑和重造，进而给成员国带来适应性压力，当成员国模式与欧洲模式差别大的时候，适应性压力大，而当成员国模式与欧洲模式差别小的时候，适应性压力小。第二种仅仅改变国内的机会结构，指的是欧盟法禁止成员国的某些行为，也被称为"负面的垂直一体化"，典型例子就是废除损害共同市场运行的一些成员国内部的规定与安排。第三种没有任何直接的制度上的影响，优先改变国内信念与期待，是一种对国内政治环境的改变，被称为"水平一体化"，这种机制通常没有权力的强制力，更多的是在确定宏大的目标、指导方针、征得所有成员国同意后的一种相互监督，希望在范式和规则上取得趋同，反映了对问题的共识。①

"欧洲化"表现的核心问题是"符合度"（goodness of fit），这就涉及要确定衡量相关的欧洲规则与规范，以及成员国层面公共政策和机制结构之间"符合度"的要素，并且需要观察中间因素（可以起到加速或减缓"欧洲化"的作用）：结构因素和行为体的角色②。结构因素包括"反对观点"——在欧洲层面协商得越多，"欧洲化"落实越困难，"调解机构"——有利于欧盟法在国家层面落实的行为体，"政治和组织文化"——有一些疑欧国家反而在落实规则的有效性和忠诚度上表现得比较好。而行为体的角色不仅包括行为体的资源——行为体可以利用什么资源来抵制"欧洲化"，还包括行为体的学习能力——"欧洲化"可能会带来行为体利益和身份的改变，通过学习可以引入这种改变机制。③

---

① Knill, C. and Lehmkuhl, D. "The National Impact of European Union Regulatory Policy: Three Europeanization Mechanisms", *European Journal of Political Research*, 41, 2002, pp. 255–280; Bulmer, S., and Radaelli, C., "The Europeanization of National Policy", *Queen's Papers on Europeanisation*, Vol. 1/2004.

②③ Cowles, M. G., Caporaso, J., and Risse, T., *Transforming Europe: Europeanization and Domestic Change*, Ithaca: Cornell University Press, 2001, pp. 1–20.

当成员国提出的模式与欧洲模式相同的时候，适应性压力为零。以《稳定与增长公约》为例，由于德国把其货币模式上传到欧洲层面，因此对德国来说，没有适应性压力。事实上，正是由于德国的反通胀传统，欧洲央行才把抗通胀作为其主要政策，在早期的协商过程中，德国成功地把自己的模式上传到了欧洲层面。当德国要适应抗通胀的标准时，所承受的适应性压力就小，不需要为了改变付出太多努力。

成员国在面对"欧洲化"时，可能会有带头先锋、"拖后腿"者和中立者这三种身份："带头先锋"会把国家偏好上传到欧洲层面，"拖后腿"者会阻拦其他行为体把他们的偏好上传到欧洲层面，"中立者"没有明显的偏好，是"墙头草"①。对于"拖后腿"者来说，希望这种政策偏好的强制力越弱越好，对于"带头先锋"来说，适应性压力较小，但有些"拖后腿"者在某一问题上进行掣肘，是意图帮助它在其他问题上获得更强的讨价还价的权力，把在这一问题上的态度转变放到另一个问题里去兑现好处。②

"欧洲化"带来的影响可能有四种：第一种是范式的改变，政治行为底层逻辑的改变；第二种是吸收，在这种情况下，行为体可以以最小的代价接受共同体法律，但是这也可能带来法律不一致的情况；第三种是惰性，成员国没有抛弃共同体法，但是决定不应用到国内法，这就意味着欧盟委员会可以通过欧盟法院进行惩罚；第四种是缺乏改变和撤回，因为欧洲模式与成员国的能力之间相差过大，所以成员国决定撤回③。

通过对"欧洲化"概念的阐释可以发现，欧洲化并非传统的现实主义，其从形式到内容都发生了变化。欧洲化的领域不仅涉及低政治领域的经济贸

---

①② Börzel, T. A., "Pace-Setting, Foot-Dragging, and Fence-Sitting: Member State Responses to Europeanization", *Journal of Common Market Studies*, Vol. 40, 2002, pp. 193-214.

③ Radaelli, C., The Europeanization of Public Policy, Featherstone, K., Radaelli, C., *The Politics of Europeanization*, Oxford: Oxford University Press, 2003, pp. 27-56.

易，也涉及高政治领域的安全防务。此外，在欧洲化的发展过程中，逐步形成了对民族国家自身行动自由带来限制的一体化机制，这种机制还在不停地向前发展，甚至会带来限制的种类越来越多，有时限制的力度也越来越强①。

欧洲化也不是功能主义的方式，虽然采取了不同功能领域不同方式的解决问题方法。在不同的功能领域内，欧洲化的体现与程度都是不同的，所以需要分功能领域进行研究。然而，在欧洲化现象中，成员国是重要的行为体，相比于功能主义所强调的在不同功能领域建立起不同的功能组织，欧洲化更加强调在不同的功能领域内，欧洲层面与成员国层面，以及成员国之间的互动②。

欧洲化也不是建构主义翻版，更具内部协调规范路径。建构主义重视身份/认同/特性（identity），以及话语的力量与实践的力量，重点是对国家的认同能否向一个命运共同体转向③。欧洲化注意到成员国之间战略文化的差异性，通过在欧洲层面与成员国层面各个行为体之间建立联系，借助更具协调性与规范性的路径，如水平层面的欧洲化路径和垂直方向的欧洲化路径，使欧洲化得以实现并发挥影响。

综上所述，欧洲化在对外关系领域是一种民族国家受到一体化约束条件

① 关于现实主义理论，可参见陈玉刚：《欧洲一体化的历史与观念》，《史学月刊》2005年第6期，第22-23页；陈玉刚：《欧洲制宪与欧洲一体化：国际关系的解读》，《欧洲》2002年第5期，第12-22页；陈志敏、张敬林：《欧盟对外政策一体化：结构现实主义与政府间主义的视角》，《欧洲一体化研究》2003年第1期，第8-16页；秦亚青：《现实主义理论的发展及其批判》，《国际政治科学》2005年第2期，第138-166页；［美］詹姆斯·多尔蒂、小罗伯特·普法尔茨格拉夫：《争论中的国际关系理论》，阎学通、陈寒溪等译，世界知识出版社2003年版，第68-99页。

② 关于功能主义理论，可参见陈志敏、［比］古斯塔夫·盖拉茨：《欧洲联盟对外政策一体化：不可能的使命》，时事出版社2003年版，第78-89页；房乐宪：《新功能主义理论与欧洲一体化》，《欧洲》2001年第1期，第13-20页；Mitrany, David, *A Working Peace System*, Quadrangle Books, 1966; Haas, Ernst, *Beyond the Nation-State: Functionalism and International Organization*, ECPR Press, 2008.

③ 陈玉刚、陈志敏：《建构主义：新现实主义和新自由制度主义之后》，《世界经济与政治》1999年第8期，第28-33页；Anderson, S., Seitz, T. European Security and Defense Policy Demystified: Nation-Building and Identity in the European Union, *Armed Forces & Society*, 2006, Vol. 33, pp. 24-42.

下的新现象，传统的国际关系理论在对这一现象内在互动机制的解释上具有一定的局限性，因此需要运用新方法深入了解研究。目前，在对外政策欧洲化研究中，两种得到关注度较高的研究方法的代表人物分别为鲁本·王和张骥。鲁本·王认为，成员国对外政策的欧洲化可以大致分为三类（见表1-1）：第一类是国家适应和回应欧盟需求（以下简称为国家适应），第二类是把国家偏好从国家层面投射到超国家层面（以下简称为国家投射），第三类是身份重建——形成"欧洲利益和欧洲身份"①。

表1-1　成员国对外政策欧洲化的三个维度

| 欧洲化的方面 | 成员国对外政策指标 |
| --- | --- |
| 国家适应 | 1. 欧洲政治议程的凸显<br>2. 坚持共同目标<br>3. 共同政策输出高于国家专属领域 |
| 国家投射 | 1. 国家试图提升在世界上的国家影响力<br>2. 国家试图影响其他成员国的对外政策<br>3. 国家把欧盟作为防护/保护伞 |
| 身份重建 | 1. 在决策精英中出现规范<br>2. 共同定义欧洲和国家利益 |

资料来源：摘译自 Wong Reuben Y., *The Europeanization of French Foreign Policy-France and the EU in East Asia*, New York：Palgrave Macmillan，2006.

这一分析框架似乎是一种单向研究方向的重组，并没有形成一种动态。因而，在此基础之上，国内学者张骥（2011）提出"欧洲化的双向运动"的

① Wong, R. Y., *The Europeanization of French Foreign Policy-France and the EU in East Asia*, New York：Palgrave Macmillan，2006.

概念，即"成员国主动欧洲化和受动欧洲化两个方向的运动，主动欧洲化是指成员国向欧盟投射其偏好和政策，使其偏好和政策欧洲化（自下而上）；受动欧洲化是指欧盟、欧洲一体化对成员国形成适应性压力，成员国调整偏好、政策，其偏好、政策被欧洲化（自上而下）"[①]。这些观点强调了欧洲层面（上）和国家层面（下）相互影响的垂直路径，因而这种理论适用的前提是这个领域在超国家层面的机制已经形成（见图1-1）。

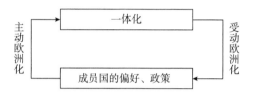

**图1-1 欧洲化的双向运动分析**

资料来源：张骥：《欧洲化的双向运动：一个新的研究框架》，《欧洲研究》2011年第6期。

然而，需要注意的是，在对外政策领域，从欧盟到成员国的垂直指挥系统并不总是明显的，在一些问题上，欧洲层面机构的权能较弱，"欧洲化"更多以自愿的方式实现[②]。此外，某些领域的欧洲化是有可能先于该领域欧洲一体化机制出现的，如巴斯迪安·伊龙代勒就曾提出存在"没有欧盟"的欧洲化[③]。目前来看，既有的对外政策欧洲化理论研究都强调，甚至有可能

---

① 张骥：《欧洲化的双向运动：一个新的研究框架》，《欧洲研究》2011年第6期。

② Bulmer, S. J. and Claudio M. R., The Europeanisation of National Policy?, *Queen's Papers on Europeanisation*, No. 1/2004, Queen's University, School of Politics, International Studies and Philosophy, Belfast; Nicole Alecu de Flers and Patrick Müller, Dimensions and Mechanisms of the Europeanization of Member State Foreign Policy: State of the Art and New Research Avenues, *Journal of European Integration*, Vol. 34: 1, pp. 19–35, 2012.

③ Irondelle, B., Europeanization without the European Union? French Military Reforms 1991–1996, *Journal of European Public Policy*, 2003.

过分强调了类似于"上传"和"下载"的双向路径①。然而，欧洲化的对外政策经常是成员国国家对外政策之间的妥协，这就意味着政策的形成可能是通过政府间合作的方式达成的，但也不排除像欧盟委员会、欧洲央行等这样的机构在一些对外政策问题上的绝对发言权。所以在分析成员国对外政策欧洲化问题上，应当摒弃国家中心主义与欧洲理想主义之争，分问题领域、分案例进行动态研究，把对外政策的欧洲化视为一个变化的、发展的过程。

综上所述，在既有研究的基础上，本书聚焦在法国对外政策的欧洲化，重点研究政策（policy）偏好的欧洲化，而非对外政策中政治（politics）或成员国政体（polity）的欧洲化。法国对外政策的欧洲化可以被视为一个动态化过程，由于法国是欧盟中的大国，对于欧盟政策本身就有着较强的塑造力，但是对外政策的一些领域的垂直指挥系统很弱，因此要充分考虑在水平层面上，法国作为一个大国，作为欧盟的轴心国之一，是如何协调、影响其他成员国的，是如何利用在欧洲一体化中的特殊地位，实现其国家利益，放大法国对外政策主张，以期实现自己追求"伟大"的目标的。另外，法国不是总能将自己的想法成功投射到欧盟层面，有时要妥协，要被欧洲化，在这一过程中，其他成员国又是如何影响法国的政策偏好的。

因此，受传统"欧洲化"概念研究中成员国面对"欧洲化"的三种身份（带头先锋、"拖后腿"者、中立者）的影响，结合既往研究的欧洲化路径和鲁本·王、张骥的研究框架，综合考虑法国要利用欧洲实现其"伟大"的出发点和目标，在本书的研究框架中，参与的行为体可以被分为三类。第一类是法国及其支持者，第二类是异见者和中立者，第三类是欧盟/欧洲层面

---

① 这一路径最初由博泽尔（T. Börzel）提出。博泽尔认为欧洲化是一个双向过程，既包含"上传"（upload）的方式，也包含"下载"（download）的方式，即由于欧盟的压力，成员国需要从欧盟"下载"相关规则和规范进行适应，而为了输出自己的国内制度和政策，减少适应成本，成员国也常常向欧洲"上传"动机和行为并使之"欧洲化"。

（机构、政策、机制等）的。根据对参与行为体的设置，在这一动态过程中可能出现的欧洲化的方式包含传统的"欧洲化"双向路径，即垂直方向的"上传"（upload）和"下载"（download）。考虑到在对外政策领域中，欧盟垂直领导不总是很强的特点，并基于伊龙代勒曾提出的没有"欧盟"的欧洲化和鲁本·王提出的国家投射路径，也将水平方向上的"输出"（output）与"输入"（input）纳入研究框架中（见图1-2）。

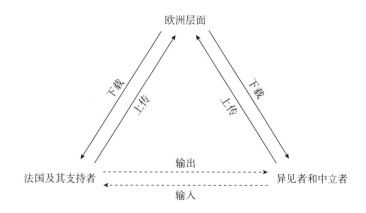

**图1-2　研究框架**

"上传"与"下载"路径是欧洲化问题研究的传统路径。在本书的研究框架中，"上传"指的是成员国将自身的政策偏好投射到超国家层面，以借助欧洲的力量来增强自身的对外影响力，或者规避外来的负面影响的过程。"下载"指的是在欧洲层面给成员国层面带来适应性压力的情况下，成员国被迫根据欧洲层面的政策偏好，改变自身原有的对外政策偏好。

结合对外政策领域中存在的政府间合作的情况，以及对成员国在"欧洲化"中身份的既有研究，本书在研究框架中增加了"输入"与"输出"两种路径。"输出"指的是国家的对外政策对其他国家施加影响，继而导致其他国家改变原有的对外政策。"输入"指的是国家通过模仿、学习其他成员国的对外政策等方式，改变自身既有的对外政策。

在这四种方式中，"上传"和"输出"属于主动欧洲化的路径，反映国家在对外政策领域的投射与影响能力；"下载"和"输入"属于被动欧洲化的路径，反映国家在对外政策领域转化、吸收、抵制、削减欧洲层面或其他成员国带来的适应性压力的能力。需要注意的是，在一项政策欧洲化的过程中，可能存在不止一种路径，而是在多条路径的组合和相互影响下实现的。本书将借助上述研究框架，对法国对外政策的欧洲化进行研究，并通过这些研究，对理论框架进行补充，实现对"欧洲化"概念从"认识"到"实践"，再从"实践"到"认识"的认知目的。

# 第二章 法国对外政策演变、现状及特性

自法兰西第五共和国成立以来，法国对外政策既表现出其延续性的一面，又展现出其发展变化的一面。法国对外政策的延续和调整受到内外因素的共同作用。这些因素既包括领导人个人因素，也包括法国国内的政治经济情况，既包括国际形势的发展变化，也包括欧洲一体化进程的影响。在对法国对外政策进行简要梳理的基础上，本章提炼出法国对外政策的三个主要特性，并根据本书的理论研究框架、法国对外政策欧洲化的目标、法国对外政策中的问题领域，以及法国对外政策的特性，做出本书的案例选择。

## 一、法国对外政策的演变和现状

国内对于法国对外政策的研究有很多，但普遍对于法国对外政策背后的"欧洲化"影响关注不够。目前，对法国对外政策的主要研究成果大致可以

分为以下几类：

以时间为线索，对法国对外政策进行整体性研究。崔建树、李金祥（2009）以14世纪的法国为起点，主要论述了法国政治发展与对外政策，其中包括大量对法国对外政策的梳理①。张锡昌、周剑卿（1993）以"二战"结束为起点，对1992年之前的法国外交进行梳理②。周琪、王国明主编的《战后西欧四大国外交（英、法、西德、意大利）1945年—1980年》按照时间顺序梳理了这四个国家的外交活动和政策，指出除法国外，英国和西德也都不甘心战后的国际地位，试图重温昔日的大国荣耀③。吴国庆在其研究法国政治史的著作中也有一部分涉及对法国外交政策的论述，此外，他还对冷战结束前后的法国外交进行了研究，认为法国外交既继承了戴高乐外交，又有所创新④。邢骅阐述了戴高乐主义的兴起，并分析了法国在后冷战时代和全球化时代的外交特点⑤。陈会颖（2012）强调文化对国家外交的影响，指出法国在历史发展过程中形成了使命意识、骑士精神、理性传统、平等思想和博爱观念⑥。蔡方柏（2007、2015）从外交官的角度，对从戴高乐到奥朗德这一段时间的法国外交政策进行评述⑦。周荣耀（2005）认为，戴高乐后的四位法国总统——蓬皮杜、德斯坦、密特朗、希拉克，在法国外交政策中

---

① 崔建树、李金祥：《法国政治发展与对外政策》，世界知识出版社2009年版。
② 张锡昌、周剑卿：《战后法国外交史（1944-1992）》，世界知识出版社1993年版。
③ 周琪、王国明：《战后西欧四大国外交（英、法、西德、意大利）1945年—1980年》，中国人民公安大学出版社1992年版。
④ 吴国庆：《战后法国政治史》（第二版），社会科学文献出版社2004年版；吴国庆：《调整中的法国外交》，《欧洲》1993年第4期，第6-11页。
⑤ 邢骅：《法国——丰赡多姿的文明 独树一帜的外交》，《深圳大学学报（人文社会科学版）》2008年第6期，第5-9页。
⑥ 陈会颖：《外交的文化阐释法国卷》，知识产权出版社2012年版。
⑦ 蔡方柏：《从戴高乐到萨科齐》，上海辞书出版社2007年版；蔡方柏：《我同法国六位总统的零距离接触》，中信出版社2015年版。

无一不在执行没有戴高乐的戴高乐主义。[1] 王燕阁（2005）认为，虽然戴高乐、蓬皮杜、德斯坦、密特朗、希拉克五位法国总统以不同的方式、方法、风格来推行外交政策，但是都在追求维护法国的伟大和民族独立，追求大国地位的目标[2]。季寅（1992）和汪波（2002）以冷战结束为节点，分析了冷战前后法国外交政策的主要变化，以及新形势下法国外交政策对法美关系的协调[3]。

以某任或某几任法国总统的对外政策为研究对象。有对戴高乐外交思想、外交原则和对外政策的分析研究指出，戴高乐在两极均势体制下采取"独立自主"的外交战略，希望建成"欧洲人的欧洲"，追求恢复法国的大国地位[4]。对蓬皮杜对外政策的研究成果较少，学者们认为他的执政时间比较短，因而具有过渡色彩，但是蓬皮杜在继承戴高乐外交政策的同时，手段更加灵活，抗美独立斗争呈现新特点[5]。德斯坦在法国民族独立问题上基本延续了戴高乐的观点，但更加侧重于强调法国在国际舞台上的地位和作用，其外交政策具有"世界主义"的特点，重视与"第三世界"的关系[6]。密特朗对外政策的核心仍是追求法国的独立自主，以谋求法国的大国地位。在这一时期，法国在对外政策上已经获得一些成效，但由于实力有限，也存在其局限性[7]。

① 周荣耀：《没有戴高乐的戴高乐主义》，引自郑秉文、马胜利：《走近法兰西》，中国社会科学出版社 2005 年版，第 303-310 页。

② 王燕阁：《颇具特色的法国外交》，引自郑秉文、马胜利：《走近法兰西》，中国社会科学出版社 2005 年版，第 311-329 页。

③ 季寅：《新旧格局转换中的法国外交》，《世界知识》1992 年第 17 期，第 9-11 页；汪波：《冷战后法国外交政策的调整》，《法国研究》2002 年第 1 期，第 144-153 页。

④ 周剑卿：《战后的法国外交》，《世界历史》1991 年第 6 期，第 42-49+88-125 页；谈亚锦：《戴高乐外交政策路径选择研究（1958-1969 年）——基于博弈论的考察》，华东师范大学博士学位论文，2018 年。

⑤ 张旭：《蓬皮杜时期的法美关系》，《黑龙江史志》2008 年第 21 期，第 67-69 页。

⑥ 张帆：《法国外交：从戴高乐到德斯坦》，《世界知识》1980 年第 19 期，第 6-9 页。

⑦ 陆明珠：《密特朗政府的内政外交动向》，《瞭望》1981 年第 5 期，第 40 页；冯健武：《密特朗对外政策初析》，《国际问题研究》1986 年第 4 期，第 41-44 页。

希拉克对法国对外政策进行了一些新调整，不是简单地回归了戴高乐主义，而是对戴高乐主义的继承和发展，其对外政策体现着务实性①。对萨科齐对外政策研究的学者大多认为萨科齐继承了戴高乐主义②。奥朗德的外交政策与萨科齐不同，一开始对传统盟友过于倚重，后转向保持相对的"独立性"，重视亚洲，加强与亚洲国家在内的新兴国家的关系，对非外交适度而谨慎，试图增强法国在世界上的地位③。马克龙继承了戴高乐主义的外交传统，实行"开放的独立外交"，在法德合作基础上，把欧洲领导权作为外交政策的首要重点，有重振欧洲的雄心，并努力平衡大国关系，全面加强与印度战略伙伴关系，以完善亚洲政策布局。法国的中东政策对欧盟有重要的"引领"作用。此外，法国还在国际舞台上维护多边主义，以提升法国的影响力④。

以法国双边外交或多边外交为研究对象。双边外交研究包括法国对主要大国和地区政策的研究⑤。多边外交研究成果最多的是对法国的欧洲政策的

① 汪伟民：《"希拉克主义"——法国对外政策调整评述》，《欧洲》1996年第5期，第47-52页；王晓雪、刘为群：《法国当前新的外交战略和政策》，《湖北大学学报（哲学社会科学版）》1998年第4期，第33-37页；郑春生、冯瑶瑶：《希拉克主义与戴高乐主义比较研究》，《内蒙古师范大学学报（哲学社会科学版）》2006年第1期，第119-124页。

② 易小明、胡俊：《法国新总统萨科齐外交政策初探》，《现代国际关系》2007年第8期，第18-22页；陈新丽：《萨科齐外交政策研究》，武汉大学博士学位论文，2011年。

③ 熊世英：《奥朗德微妙转向亚洲》，《法国研究》2013年第2期，第79-84页。

④ 张骥：《开放的独立外交——2017年法国总统大选与马克龙政府的外交政策》，《欧洲研究》2017年第5期，第113-127页；王琨：《马克龙执政以来法国对外战略特点探析》，《当代世界》2020年第1期，第56-61页；邱琳：《马克龙政府对印度政策评述》，《法语国家与地区研究》2018年第4期，第28-40页；邱琳：《法国马克龙政府亚太政策评述》，《区域与全球发展》2020年第2期，第122-138页；母耕源：《马克龙政府的中东政策》，《国际问题研究》2019年第6期，第99-110页；田德文：《法国新"文明语境"中的马克龙》，《人民论坛》2019年第34期，第120-122页；余国庆：《马克龙时代法国中东政策初探》，《当代世界》2017年第9期，第42-45页。

⑤ 赵怀普：《法美关系走强及其原因剖析》，《当代世界》2014年第5期，第36-40页；沈孝泉：《法美展开新一轮较量》，《瞭望》1997年第31期，第43页；周丕启：《战后初期法国对德政策的演变——兼论战后法国谋求国家安全的努力》，《国际政治研究》1996年第3期，第38-44页；彭姝祎：《从戴高乐到马克龙：法国的非洲政策变化轨迹与内在逻辑》，《西亚非洲》2019年第2期，第85-110页；赵慧杰：《法国外交中的中东战略》，《西亚非洲》2006年第4期，第22-26页；张红：《法国对俄"摇摆"政策的国内外因素探析》，《俄罗斯研究》2018年第1期，第45-81页。

研究，通过这些研究可以归纳出，法国的欧洲政策具有两面性——既希望建设一个强大的欧盟，又拒绝在战略性领域让渡过多权力，这不仅受法国外交大战略影响，还受德国因素、国内政治因素的影响，但其欧洲政策的根本还是为了追求法国的国家利益和大国地位①。在冷战期间，法国建立了法德核心，以及多边协商的外交会晤制度，并极力维持欧洲对外关系的独立性，在冷战后，法国着力增强法德轴心地位，建设欧洲对外关系机制，增强欧盟扩大后对外影响力和欧洲防务建设②。欧债危机改变了欧洲权力结构，法国在许多领域展现出强势领导，在经济治理和危机应对中，与德国共同领导并展现出妥协性，"法德轴心"再次成为欧洲事务的领导核心，但是，此时的"法德轴心"是"法国主张、德国内核"③。

以法国功能领域外交为研究对象。国内研究法国领域外交以对外文化政策为主，也涉及核外交、对外援助政策等。随着全球化的发展，气候外交是法国追求大国地位的重要手段，也是增强国际影响力的主要途径，通过联合国、欧盟等多个平台，法国积极参与国际气候谈判，积极、有效推进对发展中国家的气候援助④。

以在某个热点问题上法国的对外政策为研究对象，或研究某个热点问题给法国外交政策带来的影响。例如，在一些国际问题上法国采取了怎样的对

① 惠一鸣：《从舒曼计划引起的争论谈起》，《世界历史》2000 年第 6 期，第 87-94 页；阚四进：《法国欧洲一体化政策研究》，外交学院博士学位论文，2014 年。
② 冯存万：《法国与欧洲对外关系一体化：战略观、政策与局限性》，《国际论坛》2010 年第 6 期，第 19-23 页。
③ 张骥：《法国的欧洲政策与欧洲的未来》，引自周弘：《认识变化中的欧洲》，社会科学文献出版社 2013 年版，第 201-223 页。
④ 冯存万：《法国气候外交政策与实践评析》，《国际论坛》2014 年第 2 期，第 56-62 页；李谧、方友忠、陈会颖：《世界大国（地区）文化外交法国卷》，世界知识出版社 2013 年版；彭姝祎：《试论法国的文化外交》，《欧洲研究》2009 年第 4 期，第 107-122 页；杨娜：《法国的文化外交及启示》，《南开学报（哲学社会科学版）》2014 年第 4 期，第 21-27 页；刘娴：《法国发展援助政策的新特点及趋势》，《国际经济合作》2018 年第 9 期，第 60-63 页；陈佳骏：《法国核能外交：历史、特点与启示》，《法国研究》2016 年第 3 期，第 1-11 页。

外政策，一些热点问题又给法国对外政策带来怎样的影响①。

国外研究法国对外政策的学者有很多，尤其是法国学者研究本国对外政策，具有查找资料方便的优势，所以研究成果很多。在对法国对外政策的整体性研究中，格鲁塞（A. Grosser）以外交史学家的视角，选取了法国从"二战"后到密特朗执政的这一段时间，对法国对外政策进行梳理；瓦伊斯（M. Vaïsse）研究从戴高乐执政以来法国在世界的地位，分析了有关法国外交政策的内部机制和决议因素，认为相较于法国国内的分歧，法国外交政策呈现出稳定与持久的特点；博佐（F. Bozo）研究在非殖民地化、冷战背景下机动行事、欧洲一体化、多极化等问题上法国取得的成就和遇到的挫折，肯定戴高乐外交思想对后来法国外交产生的深远影响；美国学者汉里德、奥顿研究了英国、法国、西德的外交政策，时间跨度从"二战"后到20世纪70年代，研究法国外交政策的部分主要分析了安全与西方联盟、政治与经济的重建、非殖民化与第三世界、外交政策与国内政治这几个问题，对英国和西德外交政策的研究也大致集中在这几个问题上，可以与研究法国的部分形成横向比较；法国历史学家迪罗塞尔对1919~1984年的外交史进行梳理，其中涉及一些对法国外交的研究，如法德和解问题、戴高乐外交等②。

在对某任或某几任法国总统的对外政策研究中，纽恩李斯特（C. Nuenlist）、

---

① 田德文：《法国能否成为第三种力量?》，《当代世界》2016年第2期，第30-33页；母仕洪、冀开运：《法国在两伊战争中的外交政策探析》，《内蒙古民族大学学报（社会科学版）》2017年第3月，第68-74页；汪波：《论法国在前南联盟危机中的外交政策》，《法国研究》2003年第1期，第149-159页；杨小舟：《法国在伊拉克危机中的外交政策》，《法国研究》2006年第2期，第95-100页；张嘉资：《伊拉克战争前后法国外交"三部曲"》，《南方论刊》2018年第2期，第34-35页；张骥：《法国"黄马甲"运动及其对法国外交的影响》，《当代世界》2019年第1期，第28-32页。

② ［法］阿尔弗雷德·格鲁塞：《法国对外政策1944-1984》，陆伯源、穆文等译，世界知识出版社1989年版；Vaïsse, M., La puissance ou l'influence? La France dans le monde depuis 1958, Paris：Fayard, 2009; Bozo, F., French Foreign Policy since 1945: An Introduction, New York: Berghahn Books, 2016; ［美］W. F. 汉里德, G. P. 奥顿：《西德、法国和英国的外交政策》，商务印书馆1989年版；［法］让—巴蒂斯特·迪罗塞尔：《外交史1919-1984年》，上海译文出版社1992年版。

洛克（A. Locher）、马丁（G. Martin）从全球视角研究戴高乐、法国对外政策以及国际社会对戴高乐行为的反应，涉及法国的欧洲政策、法国对美国及对北约政策、法国对亚洲政策等①。瓦伊斯（M. Vaïsse）从史学的视角论述了戴高乐时期对欧洲、美国及非洲等对外政策，认为虽然戴高乐在外交上追求法国的伟大，但是因外交环境和法国自身条件的限制，法国无法改变两极格局②。莫尔斯（E. Morse）研究了戴高乐时期法国在国防自主、国际货币体系改革和欧洲经济共同体的危机处理上的对外政策，认为在高度现代化的社会中，法国外交政策的独立性会受日益增长的国际间相互依存关系的影响③。法维耶（P. Favier）、马丁·罗兰（M. Martin-Roland）的《密特朗时代》中，有一部分是对密特朗时期法国对外政策的研究④。瓦伊斯（M. Vaïsse）有一本专著专门研究希拉克外交政策，他认为希拉克执政期间面临着严峻的国际形势挑战，其外交政策的新意在于对非西方人民的热情和对环境问题的敏感⑤。帕农（X. Panon）主要研究了萨科齐和奥朗德的外交政策，认为两者的外交风格非常不同，萨科齐是大西洋主义者和西方主义者，而奥朗德是"急救主义者"，与美国保持适度的距离并把自己作为打击伊斯兰马格里布基地组织圣战分子领导者⑥。戈马尔（T. Gomart）认为，马克龙的外交政策具有灵活的古典主义风格，重新平衡了联盟与价值和利益的关系，并倾向于追求

① Nuenlist, C., Locher, A. and Martin, G., *Globalizing de Gaulle International Perspectives on French Foreign Policies*, 1958-1969, Lanham: Lexington Books, 2010.

② Vaïsse, M., *La Grandeur: Politique Etrangère du Général de Gaulle*, 1958-1969, Paris: Fayard, 1998.

③ Morse, E., *Foreign Policy and Interdependence in Gaullist France*, Princeton: Princeton University Press, 2015.

④ Favier, P., Martin-Roland, M., *La décennie Mitterrand*, Paris: Seuil, 1996.

⑤ Vaïsse, M., et Christian Lequesne, *La Politique Etrangère de Jacques Chirac*, Paris: Riveneuve, 2013.

⑥ Panon, X., *Dans les coulisses de la diplomatie française-De SarkozyàHollande*, Paris: L'Archipel, 2015.

价值和利益，带有明确的亲欧倾向①。

在对法国双边外交与多边外交的研究中，德苏恩（H. Desuin）对 2007~ 2017 年法国对美政策进行了批判，认为是法国外交政策的失败，在大西洋主义下，法国从独立的外交政策转向在对外事务上丧失外交合理性、国际影响力、军事主动权，这一转向标志着戴高乐主义的消亡②。加亚尔（M. Gaillard）梳理了自 1950 年以来法国的欧洲政策，以历任总统的任期为时间划分，认为法国既是欧洲一体化建设的主要推动力，又会阻碍它的发展③。萨顿（M. Sutton）从地缘政治的角度回顾了 1944~2007 年法国与欧洲一体化建设，认为在 20 世纪下半叶，法国在欧洲一体化中扮演的角色比德国更重要，但是在 21 世纪初，这种重要性有所下降④。

在对法国功能领域外交的研究中，圣吉勒（L. Saint - Gilles）介绍了 1944~1963 年冷战背景下法国对美国的文化政策，指出法国通过加强在美国的文化存在，试图遏制法国衰落，增强在国际舞台的发声⑤。科尔（W. Kohl）研究法国核外交，分析了戴高乐政策中核武器的角色，拥有核武器给法国与北约关系以及法国与美、英、德等关系带来的影响，认为戴高乐有宏伟设想，但第四共和国和蓬皮杜的计划更加保守⑥。巴莱克斯（C. Balleix）认为发展援助助力法国在国际舞台的存在，除了帮助受援国发

① Gomart, T., et Marc Hecker (dir.), *Macron, an I. Quelle politique étrangère?*, Paris: Études de l'Ifri, avril 2018.

② Desuin, H., *La France atlantiste ou le naufrage de la diplomatie française*, Paris: Les éditions du Cerf, 2017.

③ Gaillard, M., *France-Europe: Politique européenne de la France de 1950 à nos jours*, Louvain-la-Neuve et Paris: De Boeck, 2010.

④ Sutton, M., *France and the Construction of Europe, 1944-2007: The Geopolitical Imperative*, New York: Berghahn Books, 2011.

⑤ Saint-Gilles, L., *La présence culturelle de la France aux Etats-Unis pendant la guerre froide: 1944-1963*, Paris: Editions L'Harmattan, 2007.

⑥ Kohl, W., *French Nuclear Diplomacy*, Princeto: Princeton University Press, 2015.

展之外，还有利于实现法国的贸易目标、增强法国的影响力，此外法国在欧盟层面发展援助政策的形成中发挥了重要作用①。

在某个热点问题上对法国对外政策的研究中，在法国回归北约军事一体化组织的问题上，瓦伊斯（M. Vaïsse）认为法国回归北约指挥系统的决定源于三个因素：地缘政治剧变重新定义了跨大西洋联盟的角色，20 世纪 90 年代以来越来越需要各国共同应对危机管理，期待建立一个共同的欧洲防务政策并只作为对北约的补充②。奥斯特曼（F. Ostermann）对比研究了在试图让法国全面回归北约问题上希拉克与萨科齐的不同做法，认为法国外交政策和身份离欧盟渐行渐远，并被大西洋化，其外交政策变得更加实际③。

自法兰西第五共和国成立以来，法国对外政策在国际形势变化与内源因素驱动的影响下，既有延续的一面，又存在新的特点④。在戴高乐执政时期，法国反抗两极格局。戴高乐采取独立自主政策，这也奠定了法国后来对外政策的走向。戴高乐执政时期的法国对外政策与第四共和国有很大不同，他加强了总统的权力，尤其确立总统在对外政策领域中可以独掌大权，其对外政策的核心就是伟大和独立。戴高乐执政后最初的目标是重整国家机构和从阿尔及利亚战争中脱身，但他执政后还给法国的国际角色带来了深刻的变化。

---

① Balleix, C., La politique française de coopéation au développement Cinquante ans d'histoire au miroir de l'Europe, *Afrique contemporaine*, 2010, pp. 95−107.

② Vaïsse, M., France and NATO: A Historical Account, *Politique étrangère*, Vol. 4, 2009, pp. 861−872.

③ Ostermann, F., *Security, Defense Discourse and Identity in NATO and Europe: How France Changed Foreign Policy*, New York: Routledge, 2018.

④ 以下对法国对外政策史的梳理主要参考吴国庆：《战后法国政治史》（第二版），社会科学文献出版社 2004 年版；Vaïsse, Maurice, La Grandeur: Politique Etrangère du Général de Gaulle, 1958-1969, Paris: Fayard, 1998；陈乐民：《战后西欧国际关系（1945-1984）》（附《东欧剧变与欧洲重建（1989-1990）》），生活·读书·新知三联书店 2014 年版；Bozo, Frédéric, French Foreign Policy since 1945: An Introduction, New York: Berghahn Books, 2016；崔建树·李金祥：《法国政治发展与对外政策》，世界知识出版社 2009 年版；Lequesne, C., La Politique Étrangère de Jacques Chirac ou la France sans Surprise, Berlin: Forschungsinstitut der Deutschen Gesellschaft für Auswärtige Politik, October 2007.

在阿尔及利亚问题上，法国终于在戴高乐执政期间从阿尔及利亚战争中脱身，得以把更多的精力放到争取法国的"大国地位"上。面对殖民体系的瓦解，法国推行"合作"政策，试图维系法非特殊关系。在防务问题上，戴高乐主张发展独立核力量，并把其视为维护法国军事独立和政治独立的重要手段。在对美关系上，戴高乐的"独立"意识尤为突出，不仅退出北约军事一体化组织，把美国驻军撵出法国领土，更是向美元霸权发起挑战，以抵制美国对法国的经济渗透，还在国际事务上处处跟美国对着干，意图给第三世界提供另一种选择，从而加强法国的全球影响力。在欧洲一体化问题上，戴高乐推动法德和解，并赞成西欧联合，试图领导西欧联合起来冲破美苏两极格局的枷锁，取得法国的大国地位，并最终实现从大西洋到乌拉尔的欧洲，但是戴高乐反对以超国家的形式实现联合，这又体现了他对主权的重视。戴高乐提出建设"欧洲人的欧洲"以对抗美国控制下的"大西洋的欧洲"，连续两次拒绝英国加入欧洲经济共同体就是典型例证。

陈乐民（2014）曾如此概括戴高乐的"欧洲观"：首先，欧洲在未来应当摆脱美苏控制，建立独立的欧洲，而且这个欧洲是包括苏联在内的，但并不包括美国在内；其次，未来的欧洲是"多国家的欧洲"，反对建设超国家的欧洲，国家要掌握自主行动的权力；再次，在这个"多国家的欧洲"中，法国是起领导作用的，是要以法国为中心的；最后，法德联合应当成为这个"多国家的欧洲"的支柱，把德国的发展嵌入欧洲，对法国来说既是一种安全保障，也会加强西欧的政治独立性①。因而，戴高乐主义可以这样被定义："在法国来说，就是民族独立和世界大国地位的综合；在国际关系中则集中表现为对两个超级大国的挑战；在大西洋联盟内部关系中、欧美关系中表现

---

① 陈乐民：《战后西欧国际关系（1945-1984）》（附《东欧剧变与欧洲重建（1989-1990）》），生活·读书·新知三联书店2014年版，第243-247页。

为对美国的独立倾向。"① 这一时期提出的争取国际上独立的大国地位、实现法兰西的伟大，成为后几任总统在对外政策中的指导方针。

蓬皮杜和德斯坦执政时期面临着是否要继承戴高乐"遗产"的问题。总体来说，蓬皮杜维护甚至延续了戴高乐的对外政策遗产，但是他也进行了一些必要的政策调整，其作风是审慎而灵活的。蓬皮杜上任的时候，法国国内经济低迷，社会动荡不安，所以在实现抗美独立上，他重视联合西欧的力量，并且与戴高乐时期从经济、政治、军事多领域抗美不同，蓬皮杜把重点集中在经济和货币领域，联合西欧国家与美国开展货币之争，联手逼迫美元贬值。蓬皮杜延续对东方的缓和政策，但强调要保持独立和警惕，防止出现被两大阵营共管的情况。同时，他对东方政策惶惶不安，担心会失控。所以在欧洲一体化问题上，蓬皮杜更加重视西欧联合，并提出"完成、深化、扩大"的欧洲发展蓝图，从横向扩大和纵向深化上进一步推动欧洲一体化，希望通过欧洲一体化的深化，把德国深深地嵌入欧洲团结之中，并通过加强西欧的政治合作，把这种团结一致延伸到外交与防御领域，将缓和政策纳入一个更加稳妥、安全的轨道。此外，蓬皮杜还十分重视非洲和地中海政策，并延续戴高乐远以色列、亲阿拉伯的政策。

德斯坦就任法国总统之时，国际形势仍处于冷战和美国陷入越南战争、第一次石油危机爆发、第三世界力量发展壮大之时。德斯坦的对外政策大体延续了前任的政策方向，但与更加强调民族主义色彩的戴高乐对外政策不同，德斯坦结合时代背景，提出"世界主义"，要"同所有人做朋友"，视法国为东西方、南北方的衔接点、调和者，通过平衡各种力量，发挥法国的大国影响。20 世纪 70 年代爆发了两次石油危机，西方国家进入滞胀，所以德斯坦

---

① 陈乐民：《战后西欧国际关系(1945-1984)》(附《东欧剧变与欧洲重建 (1989-1990)》)，生活·读书·新知三联书店 2014 年版，第 246 页。

时期外交政策的决策尤其受到经济利益的影响。在对美关系上更加灵活，避免公开对抗，与北约的合作增多，但在货币、能源等问题上，两国分歧仍然存在，德斯坦提出创建欧洲货币体系，试图采取迂回的方法对抗美元霸权。在欧洲事务上，把西欧联合放到世界多极化背景下，使之在法国对外政策中占据越来越重要的地位，并提出建立"强大、独立的欧洲"，而不仅仅是"欧洲人的欧洲"。无论是欧洲理事会的成立，欧洲议会直接普选，还是建立货币联盟，成立欧洲航天局，这些欧洲一体化历程中的标志事件中都有德斯坦的贡献。但是，与戴高乐强调欧洲的"邦联"属性、坚决反对欧洲朝着超国家方向发展不同，德斯坦搁置"邦联"与"联邦"之争，更加强调各个领域之间的协调，加强欧洲联合，使其能够成为多极世界中的一极，在各种多极力量中，法国可以借助西欧联合的代言人身份，发挥平衡、协调各种力量的作用。由于 20 世纪 70 年代是第三世界力量壮大的时期，为了平衡第三世界与两极世界的关系，德斯坦重视与第三世界国家发展友好关系，并把其作为重要的战略措施，通过向这些国家提供两大阵营以外的第三种选择，以维护法国和法国领导下的西欧在国际政治格局中的地位。此外，德斯坦还试图借力中东与非洲，以扩大法国在国际事务中的活动空间。加强对中东的重视，试图在阿以冲突问题上发挥调停作用，并通过欧共体外长联合声明，使欧共体各国在阿以冲突上达成一致。

密特朗时期正值冷战结束前后时期。虽然密特朗是社会党人，但其对外政策的本质仍是戴高乐主义，仍把"独立"作为对外政策的首要原则，但他的对外政策也有一些与前任们不同的特点。此外，第五共和国出现左右共治的局面，使得希拉克作为总理在外交事务上拥有了比前任们更多的权力。在东西关系中，强调在两极之间、东方和西方之间保持低水平的军事均势，使得自身的核威慑能力最大化；加强西欧联合与东西欧联系，加速东欧演变，使欧洲摆脱被两极控制，最终打破雅尔塔。密特朗执政时期的法美关系日益复杂化，交杂着冲突与合作，总体上看，反美霸权的力度比以往减弱了很多，并加强与北约合作，这些都是在联美抗苏的背景下实现的，出发点还是法国的战略安全利益。然而，经济上法美矛盾激化，体现在美元利率和汇价、天然气管道问题上，法国再次借助欧洲力量对美国予以反击；在处理国际问题上，主要是第三世界民族民主运动问题上，法国与美国再次显现巨大分歧。在西欧联合问题上，密特朗的主张仍具有社会党人的色彩，提倡社会领域的欧洲协调，虽然收效颇微，但是其任内在经济、政治与防务领域的西欧联合取得了扩大和深化。首先，解决了共同体预算分摊和共同农业政策问题，推动签订欧洲单一法案，实现了资本、商品、人员、劳务的四大流通，并与科尔共同提出建设欧洲货币联盟；其次，复活"西欧联盟"，提出"尤里卡"计划，加强与德国的军事合作，并倡导建立西欧空间共同体，以挑战美国和苏联在航天技术领域的垄断。

在希拉克执政时期，随着两极格局的瓦解，法国利用两极格局和自身的独立性所带来的回旋余地缩小，国际地位与之前相比出现下降，核威慑的价值也出现了贬值。在新的阶段，国际交流频繁，新兴国家实力增强，长期以来两极格局带来的稳定性和可预见性被彻底改变了。希拉克的对外政策体现实用主义，包括积极适应国际局势新变化，强调全球化与多极化；继承戴高乐主义，维护法国原有地位的同时，加强法德轴心，要使欧洲成为世界中的一极，强调建设在世界范围内具有干预能力的欧洲力量，既应对潜在的文明冲突，又尊重文明的多样性。在单一货币问题上，法国希望欧元与美元可以平起平坐，并且可以改革国际货币体系。在防务问题上，法国重返北约军事委员会，与北约的关系进一步缓和，并且与英国一同组建了多国快速反应部队。在希拉克任期内，法美关系从改善到降温，伊拉克战争使得法美关系恶化，法俄关系从倒退到回暖，在一些重大国际问题上，法国借助欧洲一体化发出欧洲的声音，试图在国际冲突中扮演积极的角色。在欧洲一体化问题上，希拉克并没有对欧洲机构的加强表示反对，支持通过《欧盟宪法条约》。此外，希拉克加速调整法国对亚洲政策，并赋予重返亚洲较强的经济外交色彩。

从萨科齐执政开始，法国进入面向全球化机遇与挑战的新时期。如何适应全球化带来的机遇与挑战成为这一阶段法国对外政策要解决的主要问题，法国面临着国内危机和欧盟的各种危机，对欧洲防务政策一体化的推动进入一个新阶段，而伴随着发展中国家力量的上升，法国外交也显现出与以往不同的一些特点。萨科齐和奥朗德任期内，各种危机加剧：全球爆发经济危机，欧洲深陷主权债务危机，给欧洲经济带来衰退；阿拉伯之春带来地缘政治危机；2008 年和 2014 年分别爆发俄格战争和克里米亚危机。法国的对外政策主要着手解决经济衰退问题、恐怖袭击增加的问题、欧元区危机的问题、难民危机和英国脱欧的问题。在萨科齐任期内，法国正式回归北约军事一体化组织，作为欧盟轮值主席国，把工作重点放在移民、能源、气候和防务领域。关于萨科齐，讨论最多的就是他是否是大西洋主义者。萨科齐在 2008 年 4 月的北约峰会上宣布向阿富汗派兵，还在 2009 年宣布法国正式回归北约军事一体化组织，在竞选的时候，萨科齐曾公开宣称"宁愿与布什握手，也不愿意与普京握手"，以被称为"美国人"为荣，承认自己是美国价值观，安于法国在西方集团的地位，因此他也被皮埃尔·哈斯基（Pierre Haski）称为"无拘无束的大西洋主义"①。然而，法国回归北约军事一体化组织的行动早就缓慢地开始了，而且回归北约军事一体化组织本身并不是目的，而是一种渠道和工具，以增强法国在欧盟与世界的发言权，从这个角度看，萨科齐的这一

---

① Haski, P., Sarkozy et l'OTAN: l'atlantisme décomplexé…et risqué, rue89, 2 april 2008; Meunier, Sophie, La Politique Étrangère de Nicolas Sarkozy-Rupture de Fond ou de Style?, in de Maillard, J. Surel, Y. Les Politiques Publiques sous Sarkozy, Paris: Presse de Science Po, 2012.

举措似乎难以完全被界定为一种大西洋主义行动。

奥朗德主要倾向于"戴高乐—密特朗主义",但他的对外政策风格体现出一种节制,少了咄咄逼人与强硬,这与奥朗德任期内法国面临严峻的内外局势不无关系。一方面,法国经济发展面临重重困难;另一方面,又因为恐怖袭击加强对外军事行动,对外开放性下降,外交行动能力削弱,法国在欧盟的影响力下降,出现了相对德国被边缘化的迹象。而德国经济强劲、文化开放,终于在统一20多年后成为欧盟的中心,并以事实领袖的身份参与到协调乌克兰危机中。但是,奥朗德任期内也有一些能体现出法国外交主动性的事件,如《巴黎协定》的签订成为法国在全球治理中的重要举措,并且随着英国脱欧和美国前任总统特朗普提出"美国优先"政策,法国开始重新发声,并与德国联手应对移民和防务领域的挑战,以加强欧盟在面临危机时的作用。

马克龙的对外政策延续了"戴高乐—密特朗主义"的特点,并且有明显的亲欧倾向和重振欧洲的雄心。在欧盟内,重视与德国合作推动一体化建设,加强法德轴心,注重法国在欧盟内的作用,推动欧元区改革,促进防务一体化建设等。在国际舞台上,重视全球治理问题,维护多边主义。一方面,在难民问题和土耳其入盟问题上,马克龙表现出了较强的开放性;另一方面,马克龙时代的法国对外政策独立性凸显。马克龙没有展现出对北约的强烈依附,他更加倾向于欧洲防务更深度的一体化,并认为防务独立才是欧洲独立的关键。随着大国博弈加剧,在法国眼中,欧洲要在夹缝中求生存,所以提出在多个领域建设欧洲主权,试图借助欧洲主权获得独立,通过与欧洲伙伴的合作实现法国的国家利益①。

---

① Rapnouil, M. L., and Shapiro, J. La politique étrangère de Macron: Invoquer la tradition, 2017 年 5 月 5 日发表, ECFR. EU; https://ecfr.eu/paris/article/la_politique_etrangere_de_macron_invoquer_la_tradition/, 2021 年 3 月 1 日访问。

# 二、法国对外政策的特性

通过对法国对外政策的梳理发现，法国对外政策具有独立性、一致性和矛盾性。首先，法国对外政策最突出、最主要的特点之一是具有独立性。法国对外政策的独立性在不同国际背景下的表现是不同的。在冷战期间，法国的独立性主要表现在与大多数西欧国家追随美国的做法不同，意图使自己脱离美国的控制。在冷战初期，法国在军事上，退出北约军事一体化组织；在经济上，反对美国干预，与美国展开货币之争。随着欧美之间的摩擦逐渐增多，欧洲一体化不断扩大、深化，法国在对外行动上越来越希望借助西欧联合，以加强自身的政策偏好，但是由于一体化的程度有限，而且冷战时期西欧国家面临着安全威胁，因此联合的作用是有限的，法国对外政策的独立性更多的是体现自身的不同。在冷战结束后，尤其是在全球化时期，随着几十年来欧洲一体化的发展，一体化以经济领域为核心逐渐外溢，法国与欧洲的利益紧紧交织在一起，虽然欧洲内部仍然有许多分歧，但是法国在这一阶段与西欧伙伴对外政策路径的差异性减小，法国越来越主张欧洲的独立、欧洲的自主、欧洲的主权，法国也只有借助欧洲的独立，才能实现成为世界一极的愿望。

法国对外政策表现出独立性有以下原因：

第一，法国有追求独立对外政策的资本。在冷战时期，法国坚持发展自主核力量，在戴高乐眼里，这不仅是衡量独立性的标准，更是衡量法国的国际地位的标准。只有防务取得独立，才有可能政治独立，而核武器是法国能够实现防务独立的关键要素。法国的独立核力量使得法国可以在冷战期间不唯美国是从，并且它成为了法国在西欧联合中获取领导力的有力加持。此外，战后法国经济迎来黄金三十年，工业化迅速发展，大力扶植竞争力更具优势的产业，在第五个经济计划（1966～1970 年）和第六个经济计划（1971～1975 年）中分别提出要强化尖端产业和优先发展工业化，法国在高铁、航天航空、核能工业、电视制式等方面凸显优势，给法国执行独立的对外政策提供了坚实的经济基础①。

第二，独立的对外政策能给法国带来经济利益和政治利益。在政治上，法国不仅游离于美苏两大阵营之外，而且在国际事务中，可以成为东西力量和南北力量的衔接点，而在国际冲突中，可以作为协调者平衡各种力量，这极大地提高了法国的国际地位。在经济上，对外政策的独立性也给法国带来实实在在的经济利益，法国在战后大力发展工业化，并且军事力量自主性强，虽然阿拉伯和以色列存在冲突，但是法国的独立性使之可以把武器既卖给阿拉伯，也卖给以色列，虽然美国和苏联两极对立，但是法国可以把电子设备既卖给美国，也卖给苏联②。目前，法国坚持欧洲在防务领域的独立性，也是希望能把美国军火排除在欧洲防务之外，用欧洲标准垄断欧洲军火市场③。

法国对外政策的独立性使法国提高了国际地位，赚取了政治资本和巨大的经济利益，而法国主张欧洲的独立自主，不仅可以使自身在其中赚取更大经济利益，而且可以借助欧洲在大国博弈加剧的情况下增强自己作为世界一极的实力。

---

①　［法］让—弗朗索瓦·艾克：《战后法国经济简史》，杨成玉译，中国社会科学出版社 2020 年版，第 36～39 页。
②　张骥：《法国外交的独立性及其在中美战略竞争中的限度》，《欧洲研究》2020 年第 6 期，第16～31 页。
③　丁一凡：《法国、美国与北约剪不断理还乱的关系》，引自丁一凡：《法国发展报告（2020）》，社会科学文献出版社 2019 年版，第 52 页。

其次，法国对外政策还表现出一致性，主要体现在两个方面：一是价值观的一致性。法国在一些价值观问题上的观念仍是根植于西方价值观体系，在价值观问题上并没有体现出不同于其他西方国家的独立性。二是利益的一致性。戴高乐重返执政舞台初期，对《罗马条约》态度含糊，虽然他反对超国家形式的西欧联合，但是接受包含许多超国家因素的《罗马条约》，这是因为共同市场能促进法国的国际贸易发展和工业现代化，符合法国的国家利益。20世纪60年代，法美爆发货币之争，但由于1968年法国国内爆发"五月风暴"，法国经济遭受重创，同年出现两次法郎危机，法国不得不在英美的支持下勉强渡过难关，戴高乐也不得不对美国采取更为缓和的态度。在德斯坦执政时期，法国认为苏联的军事威胁日益加剧，苏联成为法国"唯一的假想敌"，法国的对外防御战略转为"单向防御"，把自己的防务圈从法国本土扩大到欧洲及近邻，并出现向北约靠拢的迹象。在密特朗执政初期，美国在与苏联的军事力量对比中出现战略收缩的迹象，苏联开始在欧洲大量部署中远程导弹，并且出兵阿富汗，法国再次试图改善与美国的关系，加强政治往来。此外，法国在退出北约军事一体化组织后，欧洲防务一体化建设屡屡受挫，前南斯拉夫内战和科索沃战争暴露出欧洲军事实力相对于美国的不足，出于军事行动的需要，法国继续与北约开展一系列合作，是北约军事行动的财政贡献大国。路径依赖效应使法国在欧洲防务一体化问题上的主张少有追随者，长期处于对北约军事行动贡献大、决策权小的状态显然对法国的国家利益是不利的，所以法国在对外政策主张上也体现了一致的利益。这一符合单极世界的务实政策与建立自己的自治权的言论相悖。

最后，法国的对外政策还表现出矛盾性。一方面，法国强调主权和对外政策的独立性，从戴高乐时代开始，法国多任总统都坚持欧洲一体化的政府间属性，希望欧洲一体化朝着"邦联"而不是"联邦"的方向发展。另一方面，伴随着欧洲一体化不断发展，法国的欧洲政策逐渐出现了对戴高乐反对"超国家的一体化"这一立场的背离，并且溢出效应使得法国不得不在不同领域出现了不同的权能让渡现象。比如，对外贸易领域是超国家程度非常高的一个领域，成员国把权能让渡给欧盟委员会，使欧盟委员会可以作为欧盟唯一的协商者参与到国际事务当中，赋予欧盟统一的贸易工具，如关税、反倾销、定额、技术障碍，等等。在发展政策领域，发展事务属于共享权能，欧盟和成员国都可以在这一领域行使权能，但是成员国在发展政策上的立场出现了分歧，以法国为首的一些有殖民历史的成员国主张多依靠欧盟路径，并且多援助前殖民地国家，引起了其他成员国的不满。在外交、安全、防务领域，共同政策的基础是政府间合作，并且共同外交与安全政策的决议不具有强制力，所以主要成员国的国际角色也被赋予了更多的期待。这样一来，在欧洲一体化程度较高的领域，如对外贸易领域，虽然欧盟各个成员国可以用一个声音说话，但是法国在试图把欧盟作为影响力的"倍增器"（multiplier）的同时，在欧盟内部不得不面临成员国之间的协商与妥协。随着权能的让渡，法国对外政策的独立性到底是加强还是削弱，成为了一个越来越难回答的问题。欧盟程序法对"主权"问题有两种解读：一是从正式意义上说，国家仍然拥有"权能的权能"，因为让渡权能的主体是国家，国家既可以让渡权能，也可以收回权能；二是从实体意义上说，主权关乎具体的权能内容是否还掌握在国家手中。显然，欧盟法更倾向于从正式意义上解读成员国的主权问题。

实际上，法国对外政策的务实逻辑很好地解释了为什么法国对外政策是以独立性为主，但同时又体现出一致性和矛盾性。法国追求对外政策独立性的背后是对国家利益的追逐，法国认为美元享有"嚣张的特权"，美元的绝对优势使美国的跨国公司占据了西欧市场，威胁到了法国的经济利益与安全利益。法国建立欧洲的自主防务可以把美国挤出欧洲军火市场之外，法国作为军火大国，可以用欧洲标准垄断欧洲军火市场。务实逻辑也反映在法国对外政策表现出的利益一致性上，当法国直接打击美元的行动失败后，国家经济陷入困境，不得不接受英国和美国的援助。法国退出北约军事一体化组织之后，在认为苏联威胁加大的时候，又增强了与北约的合作，改善与美国的关系，并且在冷战结束后，法国难以再借助强有效的外力对美国和北约进行牵制，继续游离于北约之外反而不利于欧洲防务建设，也削弱了法国在北约军事行动中的决策权，进而损害法国国家的安全利益与政治利益。法国对外政策体现出矛盾性，一边强调独立，一边又让渡主权，是因为法国很清楚在战后自身实力式微，希望借助欧洲一体化建设，稳固在欧洲的领导者地位，联合欧洲伙伴来捍卫法国的利益，并把欧盟建成多极世界中的一极，以实现其终极的伟大梦想。

然而，需要注意的是，法国对外政策所追求的务实目标不总是能得以完全实现。在戴高乐时期，咄咄逼人的独立对外政策有时会把法国陷入孤立的风险，所以大多数戴高乐的继任者们在独立政策上的手段变得比戴高乐更加灵活。法国回归北约军事一体化组织是为了获得更大的政治利益与安全利益，但是在美国主导下的北约，法国发挥的空间依然有限，并且还面临被北约化的风险。法国试图联合欧洲伙伴来捍卫自身利益，但是目前欧盟内存在异质性，法国不总能实现自身利益的"欧洲化"，有时需要妥协才能实现自身利益的"欧洲化"，而其欧洲领导人的身份也在德国统一之后被削弱，在法国面临"内忧外患"的时候，法德轴心还出现了向德法轴心倾斜的倾向。

## 三、法国与北约防务分歧以及法国与美国货币之争

　　法国对外政策欧洲化的涉及范围很广，若不选取某些案例进行实证研究，而只是泛泛地去讨论，可能会使研究变得空洞，缺乏对欧洲化具体实现路径的观察分析，更难以准确地回答在导论部分提出的问题。考虑到这一点，本书选取案例进行研究，将研究引向深入。结合法国对外政策的目标，法国对外政策的特性和"欧洲化"理论研究，本书选取法国与北约防务分歧和法国与美国货币之争为案例，观察法国对外政策欧洲化的程度与特点，分析法国对外政策欧洲化的出发点、路径、影响因素和结果。

　　第一，从法国对外政策的目标来看，法国与北约在防务问题上角力，并与美国开展货币之争，是法国实现对外政策目标最重要的两项举措。"二战"后，美国通过马歇尔计划对西欧国家进行经济援助，并逐渐建立起全球美元霸权，又通过成立北大西洋公约组织，将欧洲安全置于以美国为主导的北约之下，加强了对西欧国家的控制。法国在"二战"后出现式微迹象，但它在对外政策中的目标却是十分明确的——不愿意屈从于他人的控制之下，要借助欧洲的力量重返世界一流大国，成为世界一极。具体来说，其对外政策目标之一是在国家强大的基础上借助军事手段实现国家独立，之二是对外提出要改变国际现状[1]。因此，一方面，法国拒绝接受美国和英国在北约军事一体化组织中高于自己的主导地位，主张发展本国核武器，退出北约军事一体

---

　　[1]　Vaïsse, Maurice, *La Grandeur：Politique Etrangère du Général de Gaulle*, 1958-1969, Paris：Fayard, 1998, p. 35.

化组织，并试图让欧洲脱离美国主导下的北约，建立起欧洲自身的安全防务；另一方面，法国不满战后货币体系和美元霸权，采取直接或间接的方式与美元开展较量，以实现自己"货币极"的愿望。通过这两项重要举措，法国意图提高在欧洲和在国际上的地位，使其发挥更大的影响力。

第二，法国对外政策的最重要的特性之一就是独立性，而法国与北约防务分歧和法国与美国货币之争又是反映出法国对外政策独立性的典型代表案例。法兰西第五共和国成立后，戴高乐在对外政策中最先选择在安全防务领域追求自主与独立，以维护国家主权和政治独立。北约被西欧国家视为安全与防务领域的保护伞，所以成为法国发起行动的首要目标对象。继退出北约军事一体化组织后，法国也试图借着推动欧洲国家防务合作，意图使欧洲脱离北约的保护，实现欧洲安全防务的独立。此外，在经济上，早在戴高乐执政时期，法国就认为美元霸权给法国的独立与主权带来冲击。戴高乐曾表示："没有金融独立，就不会存在独立了。"① 因此，法美货币之争是政治问题，是法国对外政策中的一项重大内容，服务于法国的外交战略。

这两个案例也符合法国对外政策的一致性与矛盾性。一致性表现在法美货币之争中，当法国直接对抗美元霸权失败后，不得不缓和与美国的关系，并接受美国的援助。在法国与北约防务分歧中，法国发现退出北约军事一体化组织是很不划算的，后来又重返北约军事一体化组织。而矛盾性则体现在法国一方面在防务与货币问题上坚持主权和"独立性"，通过主动欧洲化强化自己的政策偏好，另一方面又出现了不同程度与表现的"被动欧洲化"。法国对外政策的特性是法国对外政策与其他国家对外政策最具差异性的地方，而最能体现法国对外政策特性的标志性案例，是最有代表性的案例，也最具

---

① ［美］弗朗西斯·加文：《黄金、美元与权力——国际货币关系的政治（1958-1971）》，严荣译，社会科学文献出版社 2016 年版，第 197 页。

有研究意义。

第三，虽然这两个案例最具典型性，但是两个案例中欧洲化的表现、特点、结果是不同的，将这两个案例放在一起研究，更有助于在理论层面揭示"欧洲化"的本质与规律。本书的研究框架将水平层面的欧洲化研究与垂直层面的欧洲化研究结合起来，欧洲化的过程主要涉及法国及其支持者、异见者与中立者、欧洲层面（包括机构、政策、机制等）三组行为体。如前文所述，法国希望借助欧洲在国际事务中发挥更大的影响力，当推行其对外政策欧洲化时，法国及其支持者对自身政策偏好欧洲化带来的适应性压力为零，所以欧洲化能否实现，主要取决于异见者与中立者的立场以及在欧洲层面投射的成败。在水平层面，法国借助多种手段形成对异见者和中立者的拉动力，促使它们转变自身立场，但有时却面临着外部因素带来牵制力，对其对外政策偏好欧洲化形成阻力。此外，在欧洲层面的一体化机制形成之前，欧洲化主要借助水平层面的相互作用，在欧洲层面一体化机制形成之后，会出现从水平层面向垂直维度发展，水平与垂直相互作用甚至相互加强的欧洲化。在法国与北约防务分歧中的欧洲化案例里，导致欧洲化有限的重要原因是来自外部因素北约强大的牵制力，给"异见者和中立者"带来除了法国方案外，可替代甚至实力更强大的传统路径选择。在法国与美国货币之争中的欧洲化案例里，法美货币之争能够成为欧美货币之争，重要原因在于法国通过"利益交换"，形成导致"异见者"德国转变立场的拉动力，继而实现自己政策偏好的欧洲化（见图2-1）。

在法国的对外行动中，货币和防务是非常重要的问题领域，但它们的欧洲一体化起始时间不同，发展程度不一样，经贸货币的超国家程度较高，而防务领域是民族国家的核心。它们的欧洲化的特点也不同——在防务上主要借助政府间合作，在货币领域存在超国家机构。它们的欧洲化结果也是不同

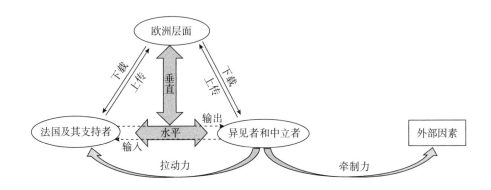

图 2-1　案例选择依据图

的：由于北约带来的大西洋主义阻力，法国与北约防务分歧形成了较为有限的欧洲化；法国与美国货币之争形成了较为成功的欧洲化，欧洲越来越强调自身的经济主权和货币主权。通过对案例的研究，可以分析法国对外政策的欧洲化在不同问题领域的不同体现与程度。

综上所述，法国对外政策的目标是要借助欧洲重返世界一流大国，最突出的特性是独立性——摆脱他人对法国和欧洲的控制，法国主要从试图建设欧洲独立防务并摆脱北约控制和打击美元并使自身和欧洲成为"货币极"这两个方面实现的。通过对这两个欧洲化案例进行分析，可以深化对"欧洲化"概念的认识，并对法国对外政策的欧洲化问题形成更加丰富立体的认识。

# 第三章　有限的欧洲化：
# 法国与北约防务分歧

"二战"后，法国开始推动欧洲一体化建设，它坚信由它主导的欧洲一体化进程不仅会带来欧洲的繁荣，还会增强法国的国际影响力，带来更加平衡的跨大西洋关系①。在戴高乐执政时期，法国认为在美国面前处于依附地位，不愿再做美国的附庸②，最先选择安全防务领域开始反抗美国霸权，因为只有在安全防务领域拥有自主性、独立性，才能维护国家主权和政治独立，才能实现战略自主，也才可能独立地在国际问题和事务上发挥影响力。在冷战背景下，西欧国家把北大西洋公约组织视为安全与防务领域的保护伞，因而北大西洋公约组织首当其冲，成为法国发起行动的目标对象，退出北约军事一体化组织的决定基本上是一个政治决定③。借着推动欧洲国家防务合作，不仅可以摆脱美国的"控制"，还可以提高法国在欧洲和在国际上的地位，

---

① Rieker, Pernille, *French Foreign Policy in a Changing World - Practising Grandeur*, New York: Palgrave Macmillan, 2017, pp. 122-123.

② 国际关系研究所编译：《戴高乐言论集（1958 年 5 月—1964 年 1 月）》，世界知识出版社1965 年版，第 445-449 页。

③ 吴国庆：《战后法国政治史》（第二版），社会科学文献出版社 2004 年版，第 150 页；Vaïsse, Maurice, Pierre Mélandri et Frédéric Bozo（dir）, *La France et l'OTAN 1949 - 1996*, Bruxelles: Edition Complexe, 1996, p. 379.

使其发挥更大的影响力，所以法国"历来都是欧盟防务合作的主要推动者"①。本章首先分析法国在退出北约军事一体化组织行动中的欧洲化努力；其次分析在这种欧洲化努力失败后，法国又是如何通过主导欧洲防务一体化建设，以推动实现自身政策偏好的欧洲化；最后讨论法国重返北约军事一体化组织的举动，是否意味着放弃了原有的欧洲化目标，转而被大西洋化了，并分析其政策偏好欧洲化过程中的新波折。

# 一、法国退出北约军事一体化组织

## （一）法国退出北约军事一体化组织的原因与行动

"二战"结束初期，国际局势严峻，东西方对抗严重，冷战全面展开。法国国力被严重削弱，国内的政治、经济、社会百废待兴，法国在"二战"中充分意识到无法保证自身的安全，所以把本国的安全防务置于更大地域的安全防务之内。在经济上，美国通过马歇尔计划帮助欧洲国家恢复经济发展，可以把分散的西欧国家联合起来，既加强对西欧国家的控制，又加强与苏联对抗的能力。在安全防务上，通过成立北大西洋公约组织，美国试图打造一个与苏联形成对抗的安全环境。西欧国家的实力因"二战"受到严重削弱，希望获得美国军事保护，虽然获得保护的代价是要牺牲一部分独立性，各国政府丧失了对自己武装部队的绝对权力。在冷战时期，北约不仅具有遏制苏

---

① 孔凡伟：《欧盟与北约：一种组织间关系的分析视角》，南开大学出版社 2018 年版，第 143 页。

联势力的作用，还给美国控制西欧提供了重要渠道。

　　然而，法国在北约成立时就曾与美国出现分歧，不愿一味听从美国的摆布，甚至曾迫使美国在北约范围界定上让步，并且对美国在北约内的霸权地位和英美主导的状况不满，导致法美分歧越来越大。在戴高乐执政后，法国终于宣布退出北约军事一体化组织。法国退出北约军事一体化组织最根本的原因是法国坚持防务的本国性质，在两极格局的背景下，法国希望摆脱美国的控制。随着西欧逐渐从"二战"的阴霾中走出来，实力得到提升，核威慑使得两个超级大国之间爆发战争的可能性降低了，法国借机要重新找回其"独立"，不仅是因为防务本身就是国家基本职责，还因为超过两个以上国家的观点和利益是难以达成完全一致的[1]。戴高乐多次在对外公开发言中强调法国防务独立的重要性[2]："我们在我们的阵营有朋友，有盟国。我们愿意继续保持下去。但是，不应该受它们保护。由于这两个理由，法国也必须有自卫的手段。与今天世界相适应的手段。"[3] 而在北约军事一体化组织中，西欧成员国的海陆空军事力量是统一归为由美国人掌控的欧洲盟军司令部的指挥，[4] 这与法国本身所追求的独立自主的目标是不相符的。

　　法国要求改革北约军事一体化组织遭到拒绝。法国对北约现状表示不满，并提出要求扩大北约的地理权限，质疑当时的军事一体化机制，并要求分享在北约军事一体化组织中的领导权。[5] 在"二战"结束后的十年间，国际形

　　① Vaïsse, Maurice, Pierre Mélandri et Frédéric Bozo（dir）, La France et l' OTAN 1949-1996, Bruxelles：Edition Complexe, 1996, pp. 221-222.

　　② 见国际关系研究所编译：《戴高乐言论集（1958 年 5 月—1964 年 1 月）》，世界知识出版社 1965 年版，第 311、362、363 页。

　　③ 国际关系研究所编译：《戴高乐言论集（1958 年 5 月—1964 年 1 月）》，世界知识出版社 1965 年版，第 139 页。

　　④ 吴国庆：《战后法国政治史》（第二版），社会科学文献出版社 2004 年版，第 154 页。

　　⑤ Vaïsse, Maurice, Pierre Mélandri et Frédéric Bozo（dir）, La France et l' OTAN 1949-1996, Bruxelles：Edition Complexe, 1996, pp. 225-228.

势发生了很大变化。在这一背景下，戴高乐认为北约缺乏在其之外的政策协调，而如果把国家安全交给一个外部组织机构，成员国就会成为国家防务的旁观者，有效的联盟形式应该是每个国家各司其职，联邦德国、法国、美国都该有各自负责的部分或区域①。在戴高乐重新执政时，大西洋联盟的领导权实质上在英国和美国两国手中，法国认为这是不合理的，并且在法国即将拥有原子弹的情况下，更应该参与到最高决策当中，所以法国提出要求建立英、美、法三国领导体制。②虽然法国这一建立三国领导体制的提议遭到了美国的拒绝，但是似乎英美的反应都在戴高乐的计划之中，因为他在回忆录中这样写道："果然不出我所料，美英两国接到我的备忘录后，仅作了支支吾吾的答复。事已至此，任何人都不能阻止我们采取行动了。"③

从1959年起，法国就开始采取一系列措施逐步退出北约，其中包括1959年从地中海撤出法国舰队、拒绝在法国领土上部署美国核武器、建立自己的空防体系、1962年从阿尔及利亚撤军、1964年从大西洋撤回法国舰队等。1965年，爱丽舍宫宣布不参加来年春天北约的Fallex演习，同年11月，法国告知盟友法国代表将会缺席月底的北约防务部长会议④。1966年2月21日，法国正式宣布退出北约军事一体化组织，宣称不愿在防务上处于从属地位，而是要掌握自己的命运；3月10日，法国正式要求北约指挥机构、外国

①  Vaïsse, Maurice, Pierre Mélandri et Frédéric Bozo（dir），La France et l'OTAN 1949 – 1996, Bruxelles: Edition Complexe, 1996, pp. 226–237.

②  ［法］夏尔·戴高乐：《希望回忆录》，《希望回忆录》翻译组译，中国人民大学出版社2005年版，第206页；Vaïsse, Maurice, Pierre Mélandri et Frédéric Bozo（dir），La France et l'OTAN 1949–1996, Bruxelles: Edition Complexe, 1996, pp. 233–237. 戴高乐这种改变从属地位的想法可以追溯到"二战"期间。在"二战"结束前夕，戴高乐认为法国应当同美国、英国一样，平等参与战后安排的谈判，但是法国被拒之门外，其大国地位并没有得到斯大林和罗斯福的认同。

③  ［法］夏尔·戴高乐：《希望回忆录》，《希望回忆录》翻译组译，中国人民大学出版社2005年版，第207页。

④  Vaïsse, Maurice, Pierre Mélandri et Frédéric Bozo（dir），La France et l'OTAN 1949 – 1996, Bruxelles: Edition Complexe, 1996, p. 428.

军队及军事设施在 1967 年 4 月 1 日前撤出法国。①

### （二）欧洲化的努力——欧洲协调

为了获得抗美霸权影响力的最大化，法国积极联合其他成员国实现欧洲协调，试图将本国的对外政策欧洲化。然而，在 20 世纪 60 年代，欧洲层面的对外政策协调机制发展十分有限，法国只能借助"输出"的方式实现自身政策偏好的欧洲化——联合其他国家一同退出北约军事一体化组织。法国清楚地意识到，能否在这一主张上实现欧洲联合，联邦德国是重点争取的对象，一方面，法国寄希望于德国可以与其共同反抗美国在北约内的主导地位，实现法国抗美政策的欧洲化；另一方面，欧洲自身防务的建设也需要通过法德合作来联合其他欧洲国家，实现欧洲的防务一体化建设②。在法国决意退出北约军事一体化组织的过程中，联邦德国经历了阿登纳、艾哈德和基辛格三届政府，在这三届政府中，在是否要退出北约军事一体化组织问题上，大西洋主义占主导，法国借助"输出"模式以期实现欧洲化的成果颇微。

1958 年 9 月阿登纳访法期间，戴高乐就向阿登纳表示法国在欧洲唯一的伙伴甚至理想的伙伴就是联邦德国，认为两国应该走一条共同的、合作的道路，而非成为美国的工具，阿登纳与戴高乐在欧洲防务是否要依赖北约及在美国的主导下实现的问题上存在分歧，而法国提出的英法美三国领导体制，完全将联邦德国排除在外，又强化了联邦德国对法国独立防务设想以及北约三国领导体制的不支持、不认可③。类似上述观点的冲突在后来法德交往中不断重复发生，总体上来看，阿登纳执政时期联邦德国主张可以归结为：第

① 吴国庆：《战后法国政治史》（第二版），社会科学文献出版社 2004 年版，第 155 页。
② 刘芝平：《联邦德国与北约发展》，江西人民出版社 2011 年版，第 176 页。
③ 刘芝平：《联邦德国与北约发展》，江西人民出版社 2011 年版，第 165–166 页。

一，承认北约的衰落和北约改革的必要性，并认为应由联邦德国和法国共同制定改革方案；第二，肯定美国在西欧防务中的重要性，认为在缺乏核裁军的情况下，欧洲防务独立是很难实现的①。因此，在法国联合其他成员国退出北约军事一体化组织问题上，联邦德国是法国实现政策偏好欧洲化进程中的"异见者"。

戴高乐要让法国成为"伟大"的法国，独立的法国，强大的法国，因而不愿自身防务受制于北约，极力将这一政策主张"输出"给同为主要成员国的联邦德国，但是联邦德国地处冷战格局的最前沿，直面来自苏联的威胁，法国与苏联没有领土纷争，而联邦德国在东西方军事对抗中的角色非常重要，对苏关系涉及联邦德国极其重要的国家利益，② 阿登纳认为联邦德国所有的外交行动都要考虑是否会加强对苏联的防御，但法国的退出、撤军等一系列举措必然会被苏联视为北约内部的分裂与削弱③。由于法国的政策偏好不符合联邦德国的利益，甚至触碰到了联邦德国在冷战初期的核心利益——安全利益，导致接受法国主张的适应性压力过大，因此法国这种借助"输出"路径的主动欧洲化注定会失败。

法国在 1963 年与联邦德国签订《爱丽舍条约》，并把法德军事合作纳入条约内，试图将该条约作为制衡美苏的工具，但德国转头就向美国确认欧洲需要美国的防务支持，条约完全不会影响德美同盟关系，使得法国试图建立德法军事联盟以挫败美国主导欧洲防务的尝试以失败告终，并且在多边核力量计划中，法国直指这一计划与爱丽舍条约不相容，是大西洋主义的产物，但是德国却因为可以在某种程度上参与核计划、提升自己的国际地位而表示

---

① 刘芝平：《联邦德国与北约发展》，江西人民出版社 2011 年版，第 165-169、176 页。

② Gordon, Phillip H., *A Certain Idea of France: French Security Policy and Gaullist Legacy*, Princeton: Princeton University Press, 1993, p. 133.

③ 刘芝平：《联邦德国与北约发展》，江西人民出版社 2011 年版，第 174 页。

欢迎①。在欧洲防务问题上，联邦德国在需要在美国和法国之间选边站的时候，最终选择了站在美国一边。在这一法国试图向联邦德国输出政策偏好的过程中，联邦德国在防务领域有除去法国之外更强大的选择——美国，因而，拥有更强大可替代性选择和路径依赖，也进一步减弱了联邦德国改变既有政策的动力，形成了对法国对外政策欧洲化的巨大牵制力。

在北约改革问题上，英国更倾向于改革北约的战略，而非机制或结构，对凌驾于北约之上建立起的三国领导体制持反对态度，不愿放弃基于英美特殊关系之上的双头决策机制②。1965～1966 年，英国经历了严重的经济危机，但法国并没有给予英国充分的合作与帮助，英国的经济窘境使其军事力量受限，收缩回欧洲、大西洋和地中海地区，而在被法国拒之欧共体门外后，英国只能在北约、通过北约在欧洲发挥影响力。因而，英国不可能在三国领导体制设想上同意法国的提议。1965 年底，英国外交部认为，戴高乐已经开始在全世界反美了，其未来的行为很显然将是负面的，并且在不同程度上与英国的利益是相悖的，戴高乐接下来的政策将毫无疑问严重损害英国的利益。③

### （三）欧洲化的结果与影响

虽然退出北约军事一体化组织的欧洲化是失败的，但是法国通过退出行动进一步摆脱了"集团政治"，获得决定的自主权，在东西方大战略中处于

---

① ［德］乌尔里希·克罗茨、约阿希姆·希尔德：《锻塑欧洲——法国、德国和从〈爱丽舍宫条约〉到 21 世纪政治的嵌入式双边主义》，赵纪周译，赵晨校，中国社会科学出版社 2020 年版，第262 页。

② Vaïsse, Maurice, Pierre Mélandri et Frédéric Bozo (dir), La France et l'OTAN 1949-1996, Bruxelles：Edition Complexe, 1996, pp. 424, 430.

③ Vaïsse, Maurice, Pierre Mélandri et Frédéric Bozo (dir), La France et l'OTAN 1949-1996, Bruxelles：Edition Complexe, 1996, pp. 424-438.

特殊地位，成为超脱于集团对立的政治力量，获得了一定的政治利益。戴高乐遗产给继任者们的执政扫清了一些障碍的同时，也带来了一些比较棘手的问题。一方面，戴高乐增强了法国的独立性，使法国的外交政策与战略选择可以有机结合到一起，使对外政策获得了更强的独立性，也使对外政策在不同领域之间的一致性大大增强。法国认为只有自己才能维护自己的利益，只有发展战略核力量才能最终保障自己的生存，所以后来的法国领导人（尤其是蓬皮杜和德斯坦）继承了戴高乐的遗产，并将其发展发扬。另一方面，戴高乐留下的遗产也是棘手的，由于国际环境发生变化，具体的防务概念可能随之发生改变。首先，法国的政策不总是清晰的，在退出北约军事一体化组织的同时，1967 年 8 月，法国派遣国防参谋长埃雷赫代表法国，与北约欧洲盟军司令莱姆尼泽签订了《莱姆尼泽—埃雷赫协定》，根据这个秘密协定，法国军队可以参加打击东方的北约军事行动，但是处于法国的指挥之下，1974 年签订的《瓦伦丁—费尔博协定》则提出了一些法国军队可以向东推进的情形，这意味着北约地区的完整性得到了维持①。其次，法国表现出既需要独立，又需要大西洋联盟，这种追求国家防务上的完全独立与建设欧洲身份又是矛盾的。最后，戴高乐的原则是清晰的，但是根据形势的发展，政策是要不断变化的。当美苏对抗严重的时候，这种独立政策带来的投机性质的好处最明显，但是当美苏缓和的时候，这种独立不一定会给法国带来很多益处。总之，法国既要独立，又要与盟友一同参加演习，要进行信息分享，还要在面对敌人时采取共同行动，体现了其对外政策务实的一面。

由于欧洲化的失败，北约内其他盟友不得不接受法国的决定，十四个成

---

① France and Nato，NATO：https：//www. nato. int/cps/en/natohq/declassified_ 160672. htm？ selectedLocale＝en，2021 年 2 月 28 日访问。

员国共同发布了关于北约未来的宣言，重申北约对其安全的重要性①。一来面对戴高乐的强硬态度，其他盟友没有别的选择，二来法国和北约的其他部分并没有完全切断联系，退出的决定并不影响法国继续参与到联盟的集体防务行动中。戴高乐在 1966 年 3 月 7 日写给美国总统约翰逊的信中提到，法国不会从根本上改变与美国的同盟形式②。对联邦德国来说，虽然必须在法国和美国之间选边站，但也使得联邦德国成为法美双方争取的对象，提升了其在大西洋联盟中的地位，联邦德国的反应使得戴高乐试图在建立法德联盟的基础上实现欧洲防务独立、实现"独立与伟大"以抗衡美国的计划落空。一方面，联邦德国拒绝与法国一道退出北约军事一体化；另一方面，又支持法国要求北约进行改革，与法国签订爱丽舍条约，给法国留足面子，没有刺激法国更进一步的"退出"北约行动，使得法国的"退出"行动仅停留在军事一体化层面。在法国军队撤出联邦德国问题上，联邦德国积极与法国展开协商，妥善解决了驻军问题，有利于使法国在退出北约军事一体化组织后，还能保持对北约的军事联系，防止军事上的彻底脱离，如果法德之间形成切实而紧密的合作，北约内部将会形成两大集团——法德集团和英美集团，对北约一体化将会是更加巨大的挑战，甚至有可能会导致分裂或崩溃的风险③。当戴高乐宣布退出后，英国对此严厉谴责，并试图在加强大西洋联盟上发挥带头作用，一方面，除了保持与美国特殊关系，还与美国签订新协定；另一方面，与联邦德国缓和关系，双方都认为为了震慑华约，美国在欧洲的军事

① Déclaration de quatorze membres de l'Alliance atlantique concernant l'avenir de l'OTAN, 18 mars 1966.

② Lettre du Président de la République, Charles de Gaulle, au Président américain, Lyndon Johnson, annonçant le retrait de la France de la structure militaire intégrée de l'OTAN（7 mars 1966），2018 年 8 月 8 日发表，https：//otan.delegfrance.org/Archive-Lettre-du-President-de-la-Republique-Charles-de-Gaulle-au-President，2021 年 2 月 7 日访问。

③ 刘芝平：《联邦德国与北约发展》，江西人民出版社 2011 年版，第 176-179 页。

存在和军事结构一体化是绝对必要的，双方试图加强和改革北约，自 1966 年至冷战结束这段时间里开启了密切的合作①。对北约而言，北约开启了一个新的时代，在北约核计划小组中，主要由英国、德国与美国开展合作，并且之前因为法国的阻挠而被放弃的议题终于得以通过，但法国要求北约撤走在法国领土上的驻军，北约的欧洲战区被一分为二，甚至对后勤供应都产生了影响。②

综上所述，法国在退出北约军事一体化组织问题上，试图向联邦德国输出同样的政策主张，这种"主动欧洲化"的动因，主要是因为法国希望借助联邦德国的力量，形成一种合力，共同反抗美国在北约内的主导权，并希望与联邦德国带动其他成员国一同建设欧洲自己的防务，实现"独立自主"的政策偏好。这种欧洲化的实现路径，是法国向联邦德国直接"输出"自己的主张，但是，由于法国要联邦德国一同退出北约军事一体化组织的主张，触碰到联邦德国在冷战初期极其重要的利益——安全利益，所以欧洲化的结果注定是失败的。

## 二、法国主导下的欧洲防务一体化建设

### （一）冷战结束之前的欧洲化主要进展

在 20 世纪五六十年代，法国通过欧洲防务一体化建设实现欧洲化的进展缓慢。在法国退出北约军事一体化组织之前，甚至在戴高乐重新执政前，法

---

①② Vaïsse, Maurice, Pierre Mélandri et Frédéric Bozo（dir）, La France et l' OTAN 1949-1996, Bruxelles：Edition Complexe, 1996, pp. 432-438.

国已经有一些推动建设欧洲防务的尝试。1950年，法国提出"普利文计划"。美国意图武装西德，法国对此表示反对，并试图把舒曼计划中的超国家设计运用到欧洲防务领域，目的是建立由法国人主导的欧洲军队，把联邦德国的防务计划嵌入在欧洲框架，而非大西洋框架内①。1952年，各成员国签署《欧洲防务共同体条约》，但实际上条约经过修改后并没有达到法国预想的"超国家"性质和"去大西洋化"。更讽刺的是，在成员国批准环节，荷比卢和联邦德国批准通过该条约，意大利在等待法国批准的结果，而法国国民议会拒绝批准该条约。一时间，欧洲防务成为了禁忌。一方面是因为法国政府更迭，亲欧洲一体化的舒曼派被强调国家主权的戴高乐派所取代；另一方面是因为国际形势发生了改变，斯大林在1953年去世，不久后朝鲜战争结束，西欧国家对欧洲共同防务政策的需求变得没有那么急迫了。随着北约的建立，1955年联邦德国加入北约成为成员国，联邦德国的权力真空现象在北约框架下得到解决。

1960年5月，戴高乐提出建立政治联盟，反对新共同体机构采取超国家形式，甚至在必要情况下，可能还会对已有超国家形式的煤钢联营进行改革。针对法德双方同意发起西欧六国的政府首脑和外长的定期会晤，以期加强欧洲在政治和防务领域的合作，联邦德国内部出现很多质疑的声音：一是担心超国家性质的削弱，会使法国在一体化中的主导权进一步加强；二是认为不能把联邦德国的安全从美国保护之下脱离出来，否则会很危险；三是不赞成孤立英国，荷兰和比利时也表现出明显反对，意大利和卢森堡的态度略有不同，较为谨慎②。20世纪60年代初法国提出的富歇计划旨在建立一个政府间性质的外交与防务联盟，但是与其他成员国在"超国家"还是"政府间"、

① 朱正梅：《论法国"普利文计划"的失败》，《世界历史》2003年第5期，第13—14页。
② 卢睿：《寻求政治一体化：富歇计划研究（1958—1963）》，华东师范大学硕士学位论文，2015年。

"跨大西洋"还是"欧洲人的欧洲"这两个问题上展开激烈交锋。最终,因为其他成员国担心这一计划会削弱大西洋联盟,并且削弱共同体方式而失败①。由此可以得出,在这一时期,欧共体内部的分歧是比较严重的,法国在防务设想上的欧洲协调与"输出"路径的欧洲化,并没有取得很大成效。法国这些欧洲化努力,背后的主要原因是希望建设成法国领导下的外交与防务联盟、欧洲人主导的欧洲,但是欧共体小国担心政府间性质会使得"欧洲人主导的欧洲"实际上变成"法国人主导的欧洲",而且在防务问题上,反对富歇计划的成员国并没有将防务事务欧洲化的意愿。

20世纪60年代,法德签订《爱丽舍条约》,其内容不仅涉及法国和德国在经济、教育、科学研究等领域的合作,还涉及双方在外交、防务方面的合作。虽然法德两国仍然在很多问题上存在着分歧,尤其是在对待美国的态度上,德国没有选择跟随法国对抗美国,欧洲化的程度非常有限,但是该条约为两国实现彻底和解和深化政治合作奠定了基础,两个国家作为欧共体中的大国,也给后来法国政策偏好进一步欧洲化的发展——欧共体的政治合作、欧洲开展安全与防务合作、欧盟共同外交与安全政策的出台奠定了重要基础。②

到了20世纪七八十年代,随着欧洲防务一体化的建设,欧洲化取得了一定进展。1970年的"达维尼翁报告"旨在建立欧共体成员国之间的政治合作,从长远来看,这种政治合作对成员国开展安全合作起到了积极作用。1981年,随着美苏在欧洲中程核武器问题的分歧加剧、苏联出兵阿富汗,欧共体感受到了加强防务合作和联合对抗苏联的必要性,首次在成员国外长通过的伦敦报告中,把安全的政治方面纳入到欧洲政治合作中,并且在"根

---

① [比]斯蒂芬·柯克莱勒,汤姆·德尔鲁:《欧盟外交政策》,上海人民出版社2017年版,第42页。
② 朱明权:《欧盟共同外交和安全政策与欧美协调》,文汇出版社2002年版,第42-44页。

舍—科隆博倡议"中提出"加强协商和协调成员国在安全的政治和经济方面的立场"，法国借机正式提出复活西欧联盟的想法，并得到其他国家的积极响应，在欧盟共同外交与安全政策支柱的形成中起到了推动作用①。1984 年，密特朗提出把西欧合作从经济领域推广到政治、军事领域，并在西欧联盟诞生 30 周年纪念会议上提出改造西欧联盟的建议，希望西欧联盟成为"专门讨论欧洲防务问题的一个论坛，以加强西欧在安全和防务方面的作用"②。除此之外，法国还在这一时期加强了与其他欧共体成员国在军事领域的合作，以 20 世纪 80 年代法德防务合作为起点，带动英国及其他国家在共同体防务合作问题上转变为更加积极的态度，在共同体内逐渐出现把西欧防务从意向落实到行动上的双边或多边合作项目，如法德共同研发反坦克直升机、英法德共同研发第三代反坦克导弹，与比利时等国家倡导武器合作等。③

欧洲化进展得益于内外因素的共同作用。从法国角度来看，在之前建设欧洲防务的努力的基础上，戴高乐政府结束统治，成为一体化深入发展的一个有利因素，虽然法国坚持区别于大西洋联盟的欧洲自主防务没有变，但是不再将后者描述为北约的替代品，这是法国在实现其政策偏好欧洲化中的重大妥协。从德国因素来看，勃兰特实施新东方政策，希望通过更深地嵌入欧洲一体化来打消西欧国家的疑虑，来得到西欧国家的支持；通过实施新东方政策，德国的国际地位得到了提高，降低了对美国的依附程度；此外，联邦德国对大西洋联盟的"热度"不及往昔，并开始怀疑美国保卫西欧的承诺④。在 20 世纪 80 年代，法国在表示愿意建设欧洲防务的同时，不再把这样的合

① 朱明权：《欧盟共同外交和安全政策与欧美协调》，文汇出版社 2002 年版，第 54-67 页。

② 陈乐民：《战后西欧国际关系（1945-1984）》（附《东欧剧变与欧洲重建 （1989-1990）》），生活·读书·新知三联书店 2014 年版，第 358-360 页。

③ 陈乐民：《战后西欧国际关系（1945-1984）》（附《东欧剧变与欧洲重建 （1989-1990）》），生活·读书·新知三联书店 2014 年版，第 361 页。

④ Gordon, Phillip H., *A Certain Idea of France: French Security Policy and Gaullist Legacy*, Princeton: Princeton University Press, 1993, pp. 130-133.

作描绘成一种削弱北约的方式，德国也终于接受这样一种更具有欧洲性质的支柱建设，开始重振西欧联盟①。双方在政策偏好上的相互靠近、相互妥协使得欧洲化的进一步发展成为可能。

从外部环境来看，欧美之间的矛盾加剧，在经贸领域和对苏政策上出现分歧。在经贸领域里，美国提高利率，加速西欧经济出现危机，发起对欧"钢铁贸易战"。在对苏政策上，美国不赞成西欧与苏联发展过于紧密的经贸关系，以增强苏联实力，西欧从对苏发展经贸关系中获利，跟随美国立场会给西欧带来严重的经济损失。以西欧与苏联的天然气交易为例，美国对此一直持反对态度，然而，由于这一交易会给西欧带来非常可观的经济利益，所以在法国率先抵制美国禁令后，其他西欧国家也相继效法，西欧与苏联在这一问题上找到了利益交汇点，欧美之间的分歧进一步扩大。此外，苏联在20世纪70年代末出兵阿富汗，东西方缓和时期结束，美国存在的严重赤字可能导致美国削减在欧驻军，美国是否还能履行对欧洲的承诺受到质疑，而且在欧洲中程导弹问题上，西欧成员国在态度上支持北约，同意美国在西欧部署导弹，但是在行动上是迟疑的，认为考虑西欧自己的安全与防务政策的需求进一步增加。在这种情形下，法德之间彼此的安全依赖进一步加深，促使法德两国通过发展欧洲防务的法德核心保护长期安全利益。②外部环境的作用给法国对外政策的欧洲化带来重要的推动力。

20世纪七八十年代，法国继续推进建设独立防务政策的欧洲化，在法国主导下的欧洲防务一体化取得了一定的进展，安全的政治方面被纳入到欧洲政治合作中，西欧联盟的复活得到积极响应，加强与其他欧共体成员国在军

---

① Gordon, Phillip H., *A Certain Idea of France: French Security Policy and Gaullist Legacy*, Princeton: Princeton University Press, 1993, pp. 126–133.

② 陈乐民：《战后西欧国际关系（1945–1984）》（附《东欧剧变与欧洲重建（1989–1990）》），生活·读书·新知三联书店2014年版，第341–358页。

事领域的合作，既存在"上传"的欧洲化方式，也存在"输出"的欧洲化方式，同时，法国在欧洲防务建设上，不再要求替代或削弱北约，与之前的态度相比，是一种"输入"路径的被动欧洲化。法国之所以能在水平和垂直方向都取得一定的政策偏好欧洲化的成果有三个原因：首先，是因为法国在欧洲防务建设上不再明确提出要替代或削弱北约，在某种程度上，这是一种与"异见者"的妥协，有利于双方达成共识；其次，联邦德国要实施新东方政策，就要打消西欧成员国的顾虑，把自己更加深入地嵌入到欧洲一体化进程中，所以对于一体化深入发展展现出一种更加积极的态度，这个时候在防务问题上与法国达成某种程度的一致，更有利于获得法国和其他国家对于自身推行政策的支持；最后，美国因素和外部环境也起了很大的推动作用，正是由于欧美之间的贸易分歧，欧美对苏战略分歧，以及西欧国家对美国安全承诺的不信任，在苏联加强武装的背景下，西欧开始加速思考自身的独立防务问题。

### （二）冷战结束后欧洲化的主要进展

冷战结束，两极格局瓦解，两德实现统一，国际格局和欧洲格局发生重大变化，对于西欧国家来说，美国从欧洲撤军的风险增加，法国担心一个统一的德国会再次成为欧洲安全问题的来源。由于在冷战结束之时，法国没有在欧洲建立起自己的欧洲防务，德国统一又使得它担心如果没有机构约束住德国，如果德国走向无约束状态可能会重蹈历史覆辙，因此法国不得不同意德国加入到北约，使德国接受西方联盟的控制。而20世纪90年代初发生的一系列事件，暴露了欧洲政治合作的不足与弱点：在海湾战争中，成员国的立场无法取得一致，英国更加倾向于军事打击，而法国和德国更倾向于外交渠道解决问题；在前南斯拉夫内战问题上，欧盟认为其对外行动是失败的，因为欧盟在对这一问题上不得不依靠北约来施加影响，各成员国缺乏协调，使得欧洲政治合作的行动能力再次受到质疑①。其中，海湾战争是法国外交与安全政策的转折点，法国通过这次战争意识到了对跨大西洋合作的需要和自身军事实力的不足，但这并没有使法国放弃它的传统政治目标，而是希望不要被边缘化，海湾战争暴露了法国常规军事力量的不足和海外干预能力的弱点，与美国的军事合作并没有使法国更加愿意与美国更加紧密同盟关系，却使法国坚持发展兵力投送和军事情报能力，来减少对美国的依赖性，增强欧洲的自主性。②

冷战结束之后欧洲化出现了一些新变化与新特点。首先，比起之前主要强调法国国家的自主和独立，法国人更多地开始强调欧洲范围的自主和独立，并希望联合欧洲伙伴来实现这一目标③，这实际上是一种借助"输出"路径，推动理念的主动欧洲化。其次，随着法国对欧洲军事一体化的接受度和对政治联盟的需求度越来越高，法国为了建设欧洲防务做好放弃一些国家主权因素的准备，在坚持核威慑力量自主性三十年后，终于愿意讨论法国核力量欧洲化的可能性了，虽然法国核力量欧洲化的过程在很多法国官员看来会是很漫长的④。形成这一转变的原因有四点：一是德国统一使得原来法德的力量对比发生了显著的变化，再想要限制强大的德国，最好的办法是在欧洲框架下把德国与法国紧紧地绑在一起；二是法国认为如果欧洲要成为一个彻底的政治联盟，就必须要在法律和实际上拥有防务能力，这与戴高乐时期法国在国家层面强调防务是国家存在的特殊理由如出一辙——20 世纪 60 年代，戴高乐指出法国如果不能为国家安全负责就不能维持一个国家，现在法国的领

---

① 朱明权：《欧盟共同外交和安全政策与欧美协调》，文汇出版社 2002 年版，第 76—78 页。

② Gordon, Phillip H., *A Certain Idea of France：French Security Policy and Gaullist Legacy*, Princeton：Princeton University Press, 1993, pp. 179—183.

③ Gordon, Phillip H., *A Certain Idea of France：French Security Policy and Gaullist Legacy*, Princeton：Princeton University Press, 1993, p. 182.

④ Gordon, Phillip H., *A Certain Idea of France：French Security Policy and Gaullist Legacy*, Princeton：Princeton University Press, 1993, pp. 174—183.

导人指出，欧盟如果没有一个共同安全政策、最终没有一个共同防务，就不是完整的欧盟；三是法国需寻求欧洲防务的长期保障，对于美国在欧洲的长期保护者角色，法国没有邻国那么乐观，认为美国不会再轻易接受在大西洋联盟中扮演分量下降的角色，丧失领导权可能就会选择离开，因而，法国把建设欧洲防务自主作为欧洲未来紧急措施的保险，但是也认识到与美国在国际安全事务上开展紧密合作的必要性；四是欧洲安全身份对法国来说是一个获得在联盟内和在世界上影响力的工具，因为法国从未被动接受美国对西方安全事务的绝对领导权，而且法国认为一个有能力的、有可信度的独立欧洲军事力量才能使欧洲不被华盛顿或其他对手忽略，法国试图通过欧洲一体化来增强自己的国际影响力，欧洲防务一体化同样是增强国际影响力的一种工具①。最后，欧洲化得到了曾是"异见者"——德国的支持。密特朗认为美国迟早会脱离欧洲，在冷战结束背景下，德国总理科尔对此表示赞同，主张欧洲发展自主防务，德国立场与法国立场出现趋同，虽然德国坚持欧洲防务只能是北约的补充。在获得德国的支持后，法国每向欧洲层面进行"上传"政策偏好之前，通常会先与德国达成一致，进而把法德协调一致后的主张投射到欧洲层面，以增强其政策偏好在欧洲层面的影响力，并最大程度实现其政策偏好的欧洲化。

然而，这种法德协商后"上传"的欧洲化路径，遭遇了以英国为代表的大西洋派的阻力。1990年，密特朗与科尔联合向时任欧共体主席国提交了一项关于欧洲政治联盟中共同外交与安全政策建议，其中包括在目标上强调了通过制定共同的外交与安全政策来表达政策的一致性，在范围上包括所有与联盟安全和防务相关的事务，强化西欧联盟的作用，使其作为政治联盟的一

---

① Gordon, Phillip H., *A Certain Idea of France: French Security Policy and Gaullist Legacy*, Princeton: Princeton University Press, 1993, pp. 176-177.

部分，来代表联盟发展欧洲共同安全政策，此外，还包括提出建立以法德军团为核心的欧洲军团，以维护欧洲安全①。但是法德设想遭遇到来自英国等成员国的阻力，英国和荷兰认为西欧联盟应该只是欧共体和北约之间的桥梁，而法德强调西欧联盟与共同体的直接联系②，此外，以英国为代表的丹麦、葡萄牙等成员国坚持欧洲防务的大西洋属性，是法国将自身政策欧洲化过程中的"异见者"。最终，1992 年的《马斯特里赫特条约》体现出双方在欧洲化过程中的协议。一方面，条约强调美国同盟地位的重要性，推迟了共同防务时间表，体现了"异见者"的政策偏好；另一方面，该条约确立了包括共同外交与安全政策支柱在内的三个支柱，西欧联盟被再次重提，将与欧盟展开在防务领域的协作，以加强大西洋联盟中的欧洲支柱，至此，欧盟、北约、西欧联盟三个组织的联系被建立起来。③

马约的三大支柱源于法国人的设想，共同外交与安全政策的"共同"与其他欧盟的共同政策（如共同农业政策、共同贸易政策等）不同，欧盟在这一"共同"政策上的权能是非常有限的，它具有政府间合作性质，与法国自欧洲政治合作时期就不同意安全事务共同体化的态度一脉相承，并终于通过三大支柱的形式得以实现。在这一过程中，法国先与德国在马斯特里赫特峰会召开之前，相互达成协议，并就议程设置达成共识④，进而借助"上传"

① 朱明权：《欧盟共同外交和安全政策与欧美协调》，文汇出版社 2002 年版，第 81-84 页；[德] 乌尔里希·克罗茨、约阿希姆·希尔德：《锻塑欧洲——法国、德国和从〈爱丽舍宫条约〉到 21 世纪政治的嵌入式双边主义》，赵纪周译，赵晨校，中国社会科学出版社 2020 年版，第 269-270 页。

② Gordon, Phillip H., *A Certain Idea of France: French Security Policy and Gaullist Legacy*, Princeton: Princeton University Press, 1993, p. 173；梁晓君：《抉择，在大西洋主义和欧洲主义之间——英国与战后欧洲安全和防务建设》，《国际论坛》2005 年第 5 期，第 1-5 页。

③ [法] 法布里斯·拉哈：《欧洲一体化史 1945—2004》，彭姝祎、陈志瑞译，王立强、刘绯校，中国社会科学出版社 2005 年版，第 100 页。

④ [德] 乌尔里希·克罗茨、约阿希姆·希尔德：《锻塑欧洲——法国、德国和从〈爱丽舍宫条约〉到 21 世纪政治的嵌入式双边主义》，赵纪周译，赵晨校，中国社会科学出版社 2020 年版，第 268 页。

路径，使政策偏好得以欧洲化，使共同外交与安全政策得以实现。

共同外交与安全政策作为法国政策偏好欧洲化的一项成就，使欧洲合作在深度、广度和制度化上都取得了进步：首先，扩大了欧洲政治合作的范围，将军事与防务纳入进来，把西欧联盟视为欧盟处理军事与防务问题的手段；其次，提出"共同立场"和"联合行动"两个政策工具，使得欧盟不局限于表态，协调立场的一致行动也成为可能；再次，赋予欧委会动议权，增强了欧委会在外交与安全领域的权限；最后，除了本质上的政治属性，还增加了法律约束性色彩，要求成员国本国政策与确立的共同立场要一致，并在国际组织和会议上维护共同立场①。法国政治精英一直把共同外交与安全政策视为国家外交行动最大化的手段，参与军事干预与有效外交的观念是同质的②。亲欧倾向成员国乐见这一支柱的产生，认为共同外交与安全政策加强了欧盟的身份，是欧盟作为国际行为体发展过程中的重要一步，疑欧倾向成员国更愿意把这一领域的权力掌握在自己手中，怕受第一支柱的影响而逐渐丧失这一支柱的政府间性质，但是，由于防务仍是涉及国家主权最核心和最敏感的事务，没有形成超国家属性，切断了与第一支柱（包含欧盟最强有力政策工具）的直接联系，不同的政治立场和意愿的各成员国在政府间合作的方式下，使得第二支柱暴露出种种局限性。③

20 世纪 90 年代末，在缺乏共同机构和共同工具的情况下，共同外交与安全政策的运作受到很大影响。在这种背景下，法国进一步把自己的政策偏好"上传"到欧洲层面——在 1997 年提出设立"共同外交与安全政策高级代表"，并得到其他成员国的广泛认可，这一变化也成为了《阿姆斯特丹条

---

① 朱明权：《欧盟共同外交和安全政策与欧美协调》，文汇出版社 2002 年版，第 94-97 页。

② Lequesne, Christian, *France and the European Union：A Story of Reason rather than Love*, Norwegian Institute for International Affairs, 2015（5）.

③ 朱明权：《欧盟共同外交和安全政策与欧美协调》，文汇出版社 2002 年版，第 96-101 页。

约》的主要质变，使得第二支柱第一次有一个常任人员来协助开展相关工作①。总体上看，《阿姆斯特丹条约》谈判中的欧洲化现象与《马斯特里赫特条约》谈判时的欧洲化现象有相似之处，仍是法德两国在欧洲层面的谈判之前先展开谈判，共同提议将西欧联盟纳入欧盟②。这一提议获得了西班牙、意大利、卢森堡、比利时的支持，但再次遭到了以英国为代表的瑞典、芬兰、奥地利、爱尔兰等国的反对，并且法德阵营在欧洲层面的谈判中落败③。法德另一项主张是强调危机预防和危机管理，在瑞典的推动下，1992 年提出的包括冲突预防、危机管理、维和中的作战部队事宜的"彼得斯堡任务"被写入《阿姆斯特丹条约》，加强了欧盟与西欧联盟之间的联系④。这一举措得以成功的"欧洲化"，与冷战结束后国际形势与欧洲形势发生了改变，欧洲防务的重点从集体防御转向危机管理不无关系。

综上所述，冷战结束后到《圣马洛宣言》签订之前，法国试图把发展欧洲自主防务欧洲化的努力呈现出一些新特点。首先，与之前强调法国国家的自主和独立不同，法国更多地开始强调欧洲范围的自主和独立，并希望联合欧洲伙伴来实现这一目标，甚至在核力量欧洲化问题上出现放弃一些主权因素的倾向，这实际上是在欧洲化过程中，结合形势变化和自身政策偏好而做出方式上的改变，欧洲化的目标并未出现明显变化。其次，德国在发展欧洲自主防务的偏好上，与法国实现趋同，增强了法国实现政策偏好欧洲化的动力，但是遇到了来自以英国为代表的大西洋派的阻力，后者坚持欧洲防务的大西洋属性。《马斯特里赫特条约》中的共同外交与安全支柱和《阿姆斯特

---

① ［比］斯蒂芬·柯克莱勒、汤姆·德尔鲁：《欧盟外交政策》，上海人民出版社 2017 年版，第 53 页。

② 熊炜：《统一以后的德国外交政策（1990-2004）》，世界知识出版社 2008 年版，第 93-94 页。

③④ ［德］乌尔里希·克罗茨、约阿希姆·希尔德：《锻塑欧洲——法国、德国和从〈爱丽舍宫条约〉到 21 世纪政治的嵌入式双边主义》，赵纪周译，赵晨校，中国社会科学出版社 2020 年版，第 270 页。

丹条约》中的"共同外交与安全政策高级代表"等主张都是法国人的设想，法国通过与德国在欧洲层面谈判之前先进行双边谈判，然后再借助"上传"路径推动欧洲层面谈判的方式，使得在建设欧洲自主防务问题上终于取得重要进展，这是一种先"输出"再"上传"的方式。同时，有的成员国也把危机预防和危机管理的政策偏好"上传"到欧洲层面，进一步对部分成员国产生适应性压力。然而，在西欧联盟的属性和定位等问题上，以英国为代表成员国的大西洋阻力仍然很强，最终反映的是法国及其支持者与异见者，即"大西洋派"之间的妥协。

法国政策偏好欧洲化过程中的重大突破是英法签订《圣马洛宣言》。英国曾在《马斯特里赫特条约》谈判时期，旗帜鲜明地反对法国主张，坚持欧洲防务的大西洋属性，但是新任英国首相工党领袖布莱尔改变了英国对于欧洲防务的传统观念，对欧洲自主防务态度发生转变，开始逐步向欧洲靠近，并在圣马洛宣言中第一次公开表态："欧盟必须有自主行动能力，有可靠的军事力量支持，有决定使用它们的方法和行动的准备，来应对国际危机。"①从英国自身来说，英国没有参与到欧洲货币联盟和申根协议之中，需要一个抓手来提高在欧盟内的地位，从外界因素来说，克林顿领导下的美国政府对欧洲安全和防务身份采取了比之前更加积极的态度，甚至公开表示支持，也在一定程度上促进了英国立场的转变②。对法国来说，美国在西巴尔干地区展现出的军事能力使法国意识到欧洲军事能力的有限，对北约展现出更加合作的态度，承认北约是成员国集体防御的基础，而英法地面部队前期的友好

①　[比]斯蒂芬·柯克莱勒，汤姆·德尔鲁：《欧盟外交政策》，上海人民出版社 2017 年版，第 54—55 页；[德]乌尔里希·克罗茨、约阿希姆·希尔德：《锻塑欧洲——法国、德国和从〈爱丽舍宫条约〉到 21 世纪政治的嵌入式双边主义》，赵纪周译，赵晨校，中国社会科学出版社 2020 年版，第 271 页。

②　朱明权：《欧盟共同外交和安全政策与欧美协调》，文汇出版社 2002 年版，第 134—135 页。

合作，也为英法达成一致奠定了基础①。在英法签订《圣马洛宣言》后，德国为在欧盟框架内推动圣马洛宣言发展发挥了重要作用，借助1999年上半年西欧联盟和欧盟双轮值主席国的身份，加强欧洲安全与防务政策制度建设和欧洲快速反应部队的总体目标建设，形成了法德英在欧洲防务问题上的新三角②。2003年，法德英在索拉纳的参与下达成协议，启动《欧洲安全战略》的起草工作，在法国领导下的阿尔忒弥斯（Artemis）行动经验基础之上，德国还在次年提出加入英法建立欧盟战斗群的想法。③

虽然英法对于北约与欧盟关系的认识基点并没有完全达成一致④，但是英法达成圣马洛宣言给欧洲化进展带来的突破还是非常深远的，甚至比德法合作还要深远。这是因为：第一，法国和英国分别代表了在欧洲防务问题上"欧洲人的欧洲"和"大西洋主义"两种观点，德国并不持鲜明的立场，英国态度的转变才会实现欧洲安全防务一体化建设的重大进步；第二，德国的国际地位和军事资源也远不及英国和法国，英国和法国同为安理会常任理事国，并且拥有核打击力量，德国由于历史的原因，没有军事干预的传统，活动地域较局限，国防开支曾不断下降，在安全方面不像法国一样一直具有雄

---

① Franco-British St. Malo Declaration（4 December 1998），2015年6月22日更新，CVCE：https：//www.cvce.eu/content/publication/2008/3/31/f3cd16fb-fc37-4d52-936f-c8e9bc80f24f/publishable_en.pdf，2021年3月1日访问；［比］斯蒂芬·柯克莱勒，汤姆·德尔鲁：《欧盟外交政策》，上海人民出版社2017年版，第54页。

② ［德］乌尔里希·克罗茨、约阿希姆·希尔德：《锻塑欧洲——法国、德国和从〈爱丽舍宫条约〉到21世纪政治的嵌入式双边主义》，赵纪周译，赵晨校，中国社会科学出版社2020年版，第271页。

③ ［德］乌尔里希·克罗茨、约阿希姆·希尔德：《锻塑欧洲——法国、德国和从〈爱丽舍宫条约〉到21世纪政治的嵌入式双边主义》，赵纪周译，赵晨校，中国社会科学出版社2020年版，第272页。

④ 具体分歧参见张骥：《欧洲化的双向运动——法国与欧盟共同安全与防务政策》，上海人民出版社2014年版，第97-98页。

心壮志，缺乏像法国那样要作为欧洲防务领导者的政治文化。①

在《圣马洛宣言》发表之后，欧洲安全与防务政策得以正式开启，并在《里斯本条约》中被正式化，更名为"共同安全与防务政策"，2003 年首次发起行动，后执行了几十项军事行动和民事任务，而美国接受欧盟共同安全与防务政策的前提是"3D 原则"——不脱离（no decoupling）、不重叠（no duplication）、不歧视（no discrimination）：一方面，欧盟军事行动的自主性得到增强；另一方面，欧盟军事行动可以使用北约的资产、能力和指挥系统。3D 原则在一定程度上缓解了欧盟防务政策与北约之间的紧张关系，并将这种关系机制化，虽然欧盟与北约之间还存在很多其他的问题。②

从欧洲化的结果来看，共同安全与防务政策的出现在一定程度上实现了法国追求欧洲自主防务的部分愿景，欧洲防务合作在量上取得了显著提高，在地域上几乎覆盖了世界各地，在行动目标上不仅涵盖军事维度，还包括民事维度。然而，共同安全与防务政策还存在着一些问题：第一，政策内横向与纵向的协调性不足，欧盟指挥的行动多集中在低风险、低政治性领域；第二，虽然共同安全与防务政策通过把宣言性质的政策变为以实际行动为基础的政策，在共同外交与防务政策基础上进行提升，增强了欧盟的可信度，但是共同安全与防务政策政治基础也备受质疑，它缺乏明确的对外政策战略；第三，共同安全与防务政策的有效性也受到质疑，一方面，名义上获得所有成员国的支持并不意味着能从发起国之外的国家获得足够的资金支持和人员支持；另一方面，在一些危机处理，如利比亚危机中，欧盟也展现出了相对

① ［德］乌尔里希·克罗茨、约阿希姆·希尔德：《锻塑欧洲——法国、德国和从〈爱丽舍宫条约〉到 21 世纪政治的嵌入式双边主义》，赵纪周译，赵晨校，中国社会科学出版社 2020 年版，第 260-275 页。

② ［比］斯蒂芬·柯克莱勒，汤姆·德尔鲁：《欧盟外交政策》，上海人民出版社 2017 年版，第 189-194 页。

于北约的资源不足和干预能力不足。①

综上所述，冷战结束之后，法国建设欧洲自主防务的政策偏好欧洲化可以《圣马洛宣言》为界点分成前后两个时间段。在前一阶段，法国联手德国共同推动了欧洲层面的防务建设，形成了一种先"输出"再"上传"的欧洲化路径，但是由于异见者——以英国为首的大西洋派在欧洲防务性质等问题上的坚持，在"上传"的过程中出现了妥协现象，从结果上看，欧洲化的成效有限。《圣马洛宣言》是英国这一"异见者"转变对欧洲自主防务建设态度的标志性事件，英国公开表态对欧洲自主防务的支持，使得欧洲防务自主建设实现重大突破，借助"上传"的路径形成了更加有效的欧洲化。英国态度被欧洲化的原因主要有两点：一是建设欧洲自主防务符合英国在欧盟内寻找抓手以提高地位的国家利益，二是外部因素起了重要的推动作用，美国是英国的重要盟友，英国也曾是欧洲防务问题上典型的大西洋派代表，然而，克林顿领导下的美国政府对欧洲安全和防务身份采取了比之前更加积极的态度，甚至公开表示支持，促进了英国立场的转变。我们观察欧洲化的结果，显然，英法德三角领导的欧洲自主防务建设取得了一定的成效，但是无论从协调性还是从军事能力来说，都与北约还有一定的距离。

### （三）重返北约军事一体化组织前的欧洲化分析

重返北约军事一体化组织前，法国政策偏好的欧洲化是成员国因素、欧洲因素、世界因素共同作用的结果。虽然法国在欧洲防务一体化建设中起到了主要推动作用，提出了诸多的想法和倡议，并试图借助"输出"和"上传"路径实现欧洲化，但是无论哪一种路径，仍需要得到其他成员国，尤其

---

① ［比］斯蒂芬·柯克莱勒，汤姆·德尔鲁：《欧盟外交政策》，上海人民出版社2017年版，第210页；孔凡伟：《欧盟与北约：一种组织间关系的分析视角》，南开大学出版社2018年版，第192页。

是德国和英国的支持才能得以通过和落实。无论是在《马斯特里赫特条约》的谈判中，还是在《阿姆斯特丹条约》的谈判中，最终"上传"到欧洲层面的方案中，都能发现法国及其支持者与大西洋派的"异见者"或"中立者"相互妥协的迹象。德国和英国的态度，不仅取决于他们国内的政策偏好和自身利益需要，还与当时的外部因素，如国际局势及欧洲的安全局势、美国的态度以及与欧美关系紧密相关。此外，随着欧洲一体化在经贸货币领域的深入，欧洲大陆的联系愈发紧密，也给在防务领域的一体化进程提供助力。

欧洲化的过程是法国、其他成员国与欧洲层面相互作用、相互影响的过程。从欧洲化的结果来看，不仅出现了机制上的欧洲化——法国推动了欧洲的防务自主，实现了主动欧洲化，法国自身的防务政策也出现了欧洲因素，出现了以"下载"为路径的被动欧洲化迹象，"建设欧盟共同安全与防务政策是法国的优先选择"被纳入法国《国防与国家安全白皮书》中①；而且出现了干预行动地域的欧洲化——从欧盟领导的军事和民事危机管理行动的数量、规模和重要性看，欧洲和非洲在危机区域中处于优先地位，但是非洲地区对许多成员国来说并不是它们传统关注的地区；还出现了行动方式的欧洲化——从行为体来说，出现了菜单式的多边主义，成员国可以与其他欧盟成员国诉诸不同的合作框架，从行动维度上来说，除了军事维度以外，源于瑞典和芬兰倡议的民事维度也纳入欧盟的行为方式中，法国就参与或领导了多项包含民事任务的共同外交与防务政策行动②。

在防务领域，法德合作在欧盟防务机制建设上发挥了重要作用，也发起了法德旅等双边倡议，但直到英国改变立场加入进来，欧洲防务一体化建设才实现突飞猛进的进展，法德合作在防务建设上的突破似乎不如在货币领域

① 孔凡伟：《欧盟与北约：一种组织间关系的分析视角》，南开大学出版社 2018 年版，第 143 页。
② ［比］斯蒂芬·柯克莱勒，汤姆·德尔鲁：《欧盟外交政策》，上海人民出版社 2017 年版，第 158、201 页。

那么成功，而英国似乎发挥了比德国更加重要的作用。这是由于德国国内对在欧洲以外地区的军事干预较为反感，防务开支呈下降趋势，在防务事务上没有与法国一样的雄心壮志，也没有比肩法国的军事资源，加上法德对外关系中优先考虑的地理范围不一样，对于法国在非洲的行动，德国时而表现出不情愿和不够支持的态度。而英国作为安理会常任理事国、核大国、军事强国，并且作为长期以来法国主张欧洲化的主要阻碍，英国的转变与合作在共同安全与防务政策中起到了非常重要的作用。此外，法德领导力的弱势也在实践中有所体现，如在伊拉克战争中，法德联合对美谴责的立场成为欧盟内的绝对少数派，而以英国为代表的国家对美国表示支持，这一分歧导致共同外交与安全政策陷入瘫痪，法德的领导力备受质疑①。而英法德三国就伊朗核计划提出的欧盟三大国外交倡议，于 2003~2005 年在缓和美国与伊朗关系上发挥了重要作用，成为成功发挥欧洲影响力的例子②。

# 三、法国重返北约军事一体化组织

## （一）返回北约军事一体化组织的原因与过程

法国重返北约军事一体化组织是一个渐进而缓慢的过程，在这个过程中，有诸多因素促使它逐渐向北约靠拢。首先，法国从未与北约完全割裂开，在

---

① 刘文秀、龚子方：《欧盟共同外交与安全政策制约因素探析》，《国际问题研究》2005 年第 1 期，第 46-50 页。

② ［德］乌尔里希·克罗茨、约阿希姆·希尔德：《锻塑欧洲——法国、德国和从〈爱丽舍宫条约〉到 21 世纪政治的嵌入式双边主义》，赵纪周译，赵晨校，中国社会科学出版社 2020 年版，第 274-275、280-281 页。

北约的军事维度处于一种贡献与决策影响力不匹配的状态。虽然法国在1966年退出北约军事一体化组织，但是法国从未停止参加联盟的政治维度和金融维度，这就意味着法国在重要决定上仍然保留了席位（如北大西洋理事会会议），此外，法国的退出行为从未意味着与北约军事领域的完全割裂，法国不是反对与美国开展防务合作，而是不能接受欧盟在防务这样一个重要的领域没有明确的权力和能力①。因此，在20世纪60年代末，法国通过签署两项协议将一小部分法国军事联络官员派遣到北约一体化总部，使得法国可以继续部分参与军备合作计划和北约演习，而一旦欧洲发生战争，法国部队也会被置于北约行动指挥之下②。法国是北约反应部队最大的单独贡献者，是北约危机管理行动前五大部队贡献者，是联盟主要的资金提供者，因此在北约军事结构之外的政治意义和军事意义变得越来越小，甚至阻碍了法国在联盟内部发挥更大的作用，法国在北约的常驻代表甚至不能参加防务计划委员会的关键战略讨论，而只能被美国大使在事后告知所做的决定，这种现状与它对北约军事行动的贡献是不相符的③。所以，重返北约军事一体化组织反而更加有利于法国在联盟内发挥更大影响力。

其次，法国意识到欧洲防务能力的不足，在一些国际问题应对上需要依靠北约。前南斯拉夫冲突中暴露出欧洲应对的不足，法国领导人不得不承认在应对这些挑战时，需要加强与美国和北约的联系④。冷战结束后，美国的战略重点已转向超出欧洲边界的安全挑战，在经历过波斯尼亚冲突的维和行动之后，法国从原来想限制美国在欧霸权的立场越来越倒向担心美国会脱离

① Gordon, Phillip H., *A Certain Idea of France: French Security Policy and Gaullist Legacy*, Princeton: Princeton University Press, 1993, p. 176.

② Rieker, Pernille, *French Foreign Policy in a Changing World – Practising Grandeur*, New York: Palgrave Macmillan, 2017, p. 108.

③ Rieker, Pernille, *French Foreign Policy in a Changing World – Practising Grandeur*, New York: Palgrave Macmillan, 2017, pp. 108–110.

④ 朱明权：《欧盟共同外交和安全政策与欧美协调》，文汇出版社2002年版，第76-78页。

欧洲并且无法履行对欧承诺的立场①。

最后，法国的欧洲防务计划遇到的阻力使得法国需要重新评估与北约的关系。由于法德在防务事务上力量和战略规划具有不对称性，建设更强大的欧洲防务政策离不开英国的支持，虽然英国态度的转变给欧洲防务建设带来重大突破，但是英国从未打算以牺牲英美特殊关系为代价，换取更加自主的欧洲防务，而只愿把欧洲防务政策作为对北约的补充，这就使得法国不得不调整自己的计划以便与英国的方式更加兼容；在其他国家对法国的志向抱有怀疑和不信任的情况下，法国在加强欧洲自主防务建设上更加难以从欧洲盟友获得支持，法国很清楚地意识到是不可能建立起一个与美国和北约对立的强大的欧洲安全与防务政策的②。

虽然直到萨科齐就任法国总统，法国才正式宣布重返北约军事一体化组织，但是从密特朗时期开始，法国就逐渐出现了回归的迹象和努力，并一步步向北约靠拢。法国重返北约军事一体化组织的第一次尝试是在20世纪90年代。1992年《马斯特里赫特条约》建立起了共同外交与安全政策支柱，成为发展共同防务政策的重要举措。密特朗支持北约战略审查，并在欧洲安全与合作会议支持下根据具体行动来支持北约的维和行动；法国代表获得军事委员会的观察席位，监督北约在巴尔干战争中的扩张性参与；北大西洋理事会通过了法德联合提议的欧洲军团，这个跨国军团可以在出现危机的情况下接受北约的行动指挥，这一举措是建设欧洲防务力量的一个重要进步③。希拉克也延续了密特朗的做法。除了防务计划委员会和核计划小组，法国加入

① Gordon, Phillip H., *A Certain Idea of France: French Security Policy and Gaullist Legacy*, Princeton: Princeton University Press, 1993, p. 176.

② Ghez, Jeremy, Stephen Larrabee, "France and Nato", *Survival*, Vol. 51, No. 2, April – May 2009, pp. 77 – 90.

③ Rieker, Pernille, *French Foreign Policy in a Changing World – Practising Grandeur*, New York: Palgrave Macmillan, 2017, p. 109.

了北约的每一个委员会，并且经常在北约行动中统一部署力量，如在波斯尼亚（IFOR 和 SFOR）、科索沃（KFOR）、阿富汗（ISAF）等，20 世纪 90 年代曾出现过打着北约旗的法国部队比打着北约旗的美国部队还多的现象，但是密特朗的努力在 1997 年以失败告终，主要原因是其他成员国，尤其是美国，并没有做好准备要在北约内建立一个强大自主的欧洲支柱，因此当希拉克提出南欧盟军（AFSOUTH）指挥交由欧洲人，最好是法国人指挥时，这次尝试也终于彻底宣告失败①。2009 年，萨科齐宣布法国回归北约军事一体化组织，而这一过程是需要时间的，从一开始就设定了一些限制，如法国核武器仍由法国控制，法国在所有的军事行动中都要掌握部署法国部队的指挥权，并且法国在和平时期不会把军队交给北约指挥②。

## （二）大西洋化还是欧洲化

在法国退出北约军事一体化组织的四十多年间，法国不遗余力地推动欧洲防务建设，但是最终的结果体现了法国政策偏好与其他成员国政策偏好的相互妥协与相互兼容，是一种主动与被动并存的双向欧洲化。随着法国重返北约军事一体化组织，这是否意味着它在政策偏好倾向大西洋主义的成员国的影响下，放弃了将自身政策偏好欧洲化的努力，从建设欧洲自主防务转向依靠北约的路径？

法国在返回北约军事一体化组织后，确实在不同层面出现了北约化的迹象：法国与其他北约成员国在功能性层面的相互依赖性增强，法国在回归北约军事一体化组织后增强了它在有关作业计划的军事文件起草中发挥的作用，

---

① Rieker, Pernille, *French Foreign Policy in a Changing World - Practising Grandeur*, New York：Palgrave Macmillan, 2017, pp. 109-110.
② Rieker, Pernille, *French Foreign Policy in a Changing World - Practising Grandeur*, New York：Palgrave Macmillan, 2017, p. 110.

并认同防务欧洲要与北约发展紧密的合作关系；法国在北约更多的高层参与使其与其他盟友之间的交流更加密集，有利于消除与盟友之间的障碍，增强与盟友之间的互信；法国和英国的合作协定体现了法国在建设共同能力方面的北约化倾向①。然而，这一举措究竟是法国行动北约化倾向的体现，还是法国试图联合英国，在可兼容条件下尽可能使自身政策偏好欧洲化的体现，这一点是有待商榷的。

既然法国在功能层面、社会层面、政治机制层面都出现了北约化迹象，是否意味着法国放弃了将自身的政策偏好欧洲化，转而被大西洋化了？法国确实在欧洲化路径上发生了变化，出现了由"输入"路径带来的被动欧洲化现象，但是法国并没有与其他大多数成员国一样，满足于接受美国主导北约的现状，而是从北约内部开始挑战美国霸权。

首先，戴高乐主义是法国外交与安全政策的基础之一，得到了大多数政党的认同，其在北约的地位和实践无论是在冷战时期，还是在冷战结束后，都具有较高程度的连续性。法国在北约的影响力虽然加强了，但是这种加强是非常有限的，因为北约仍是由美国绝对主导的，法国认为自己在北约应当发挥的影响力和实际上在北约发挥的影响力是有差距的。虽然很多学者把萨科齐定性为大西洋主义者，但是在欧盟东扩背景下，新成员国更倾向于大西洋主义，并反对发展共同安全与防务政策，因为认为此举会削弱跨大西洋关系，因而法国回归之时也是共同安全与防务政策没有取得实质性进展之时。

其次，回归的举动也可以被视为为了实现"欧洲化"目标，在欧洲化路径上采取务实的适应。一方面，返回北约军事一体化组织增强了法国在北约的影响力，也更加有利于法国的防务与安全政策的更新和现代化：法国在重

① Rieker, Pernille, *French Foreign Policy in a Changing World - Practising Grandeur*, New York: Palgrave Macmillan, 2017, pp. 112–115, 127–128.

返北约军事一体化组织之前，对北约军事委员会工作组或者执行工作组层面讨论的议题的影响是非常有限的，不能直接参与到北约行动计划中，2009 年之后，法国的影响力有所上升，两大战略指挥部之一和三大区域指挥部之一的领导权都交给了法国人，使得法国在北约的影响力增强了；另一方面，法国并没有放弃建设更加强大自主的欧洲防务，法国的回归有利于联盟内的欧洲化，以及北约和欧盟之间实现更紧密的合作，而通过打消其他欧洲成员国对法国政治雄心的疑虑，来获得他们对建设欧洲防务的支持，事实上也确实减轻了美国和其他盟友对法国会牺牲北约来发展共同安全与防务政策的担忧，在美国及其他盟友的支持下，更加有利于发展、增强北约内的欧洲影响力和欧洲防务能力①。此外，这些年来共同安全与防务政策建设没有取得很大进步，在北约内部加强欧洲支柱建设对法国来说也是很有必要的，从长期来看，加强北约可以加强共同安全与防务政策。在法国重返北约指挥结构之后，英法两国签署了防务协定，增强了英法两国的相互依赖，也被认为迈出了有利于欧洲防务能力建设的一步②。

再次，法国北约化的影响同样也是有限的。这一过程从 20 世纪 90 年代就开始了，重返北约军事一体化组织后，法国对待北约改革过程的态度更加开放、灵活、积极了，出现了一些北约化迹象，在北约内有较高的参与度，然而，法国对北约的态度似乎没有发生根本性改变，法国认为军事手段在应对国际安全问题挑战中是不足的，并对北约内发展民事力量持怀疑态度，甚至一些法国官员在法国被北约化这一问题上持担心而非接受的态度③。根据

① Rieker, Pernille, *French Foreign Policy in a Changing World – Practising Grandeur*, New York：Palgrave Macmillan，2017，pp. 111–125.

② Rieker, Pernille, *French Foreign Policy in a Changing World – Practising Grandeur*, New York：Palgrave Macmillan，2017，pp. 123–126.

③ Rieker, Pernille, *French Foreign Policy in a Changing World – Practising Grandeur*, New York：Palgrave Macmillan，2017，pp. 114–118，112–113.

法国议会议员吉尔贝·勒·布里（Gilbert Le Bris）和菲利普·维泰尔（Philippe Vitel）提交给国民议会的报告，在法国，反对北约的人依然很多，北约似乎还在寻找其身份与合法性①。

最后，外部也出现了一些有利于欧洲化的因素。近年来，欧洲恐怖主义威胁较以往有所上升，这在某种程度上增强了欧洲国家和美国在反恐问题上的凝聚力，也加速了欧洲层面的集体行动。法国是受恐怖袭击威胁最严重的欧洲国家之一，在存在申根区的背景下，法国遭遇的恐袭问题经常被视为欧洲共同面临的威胁。法国曾在 2015 年遭遇恐袭后，援引《欧洲联盟条约》第 42 条第 7 点，向其他成员国寻求援助，欧盟成员国一致表示全力支持，一些成员国也以实际行动增强与法国在军事战斗中的团结一致，比如法国和德国在马里和叙利亚的军事干预中进一步加强了团结合作②。

综上所述，重返北约军事一体化组织是法国在追求欧洲独立防务中，"输入"路径带来的被动欧洲化表现，之所以法国可以被欧洲化，是因为其完全独立于美国的欧洲防务建设主张少有跟随者，而退出北约军事一体化组织后，与北约的紧密合作使之在财力、人力等付出上与所持有的决定权不成正比，被动欧洲化是符合法国国家利益的选择。但是，法国在最终的政策目标上并没有妥协，在更新和现代化法国防务与安全政策的同时，回归北约军事一体化组织有助于打消其他欧洲成员国对法国政治雄心的疑虑，以获得其他成员国，甚至是美国对建设欧洲防务的支持，从长期来看，在北约内部建设与加强欧洲支柱可以加强共同安全与防务政策，更有助于法国实现其政策偏好的欧洲化。

---

① Le Bris, Gilbert et Vitel Philippe, *Rapport d' Information Déposé en application de l' article* 145 *du Règlement Par La Commission de la Défense Nationale et des Forces Armées en conclusion des Travaux d' une Mission d' Information sur l' Evolution du Rôle de l' OTAN*, Assemblée Nationale, le 3 février 2016.

② Bozo, Frédéric, *La Politique Etrangère de la France depuis* 1945, Paris: Flammarion, 2019, p. 291.

### （三）"欧洲化"的新波折

英国脱欧之后，法国成为欧盟内部唯一可靠的军事力量，德国在欧盟东扩之后对欧盟的主导力有增强的趋势，军事领域可能成为使法国保持在欧盟核心地位的重要抓手。比起戴高乐时期强调的法国的独立自主，在欧洲一体化逐渐深入的背景下，马克龙更加强调欧洲的独立自主。他是典型的亲欧派，主张加强欧洲一体化建设，并曾对北约公开批评，认为北约已经"脑死亡"，提出欧洲要建立自己的军队。若要实现其政策偏好的欧洲化，在英国脱欧背景下，德国立场变得尤为重要。通过对近年来（截至 2021 年）德国立场的研究可以发现，德国在欧洲化过程中的身份发生了改变，从"支持者"转为"异见者"。

首先，德国在欧洲化过程中扮演了法国的"支持者"的角色，支持发展欧洲自主防务。早在 2017 年，德国时任总理默克尔就意识到欧盟不能再完全依赖英美，欧洲的命运应掌握在自己手里[1]，这一态度在美国决定撤军后变得更加强硬。法德两国加强了在欧洲自主防务的领导作用，签订《亚琛条约》，加强军事合作，承诺在遭受攻击时相互支援。在法德的共同倡议下，德国支持法国打造欧洲军，从本质上讲，这支军队将独立于北约[2]，这本将成为法国对外政策偏好欧洲化进程中的重大突破。其次，在《里斯本条约》后，首次激活永久结构性合作，永久结构性合作会刺激成员国增加防务支出，鼓励成员国共同购买武器，使得欧盟任务的资金管理朝着更加平等分担的机

---

① 参照 2017 年默克尔在七国峰会后，在德国巴伐利亚州首府慕尼黑举行竞选宣传活动时的讲话。

② Jay, Martin, L'Allemagne veut sa propre armée européenne：Bruxelles et l'OTAN face à une nouvelle crise，2016 年 10 月 10 日发表，RT France：https：//francais. rt. com/opinions/27403-bruxelles-otan-crise，2021 年 3 月 15 日访问。

制改革①。最后，德国甚至提出把武器出口转移到欧洲委员会，以提升自身发展防务工业的合法性②。

德国支持法国政策偏好欧洲化的主要原因既有内因，也有外因。从内因上来说，美国要求成员国把防务开支提高的实际意图，是希望成员国购买更多的美国武器，法国同美国一样是北约内重要的军火商，法德两国意图在军工产业展开分工合作，是希望法德军工可以更好地渗入到欧洲国家的防务装备中，并通过建设欧洲防务支柱让自己的军工企业受益③。从外因上看，特朗普的单边主义行为冲击了大西洋联盟，使德国在欧洲化问题上受到的牵制力大大减小。后冷战时期，欧洲对美国在安全问题上的重要性下降。特朗普的单边主义和"美国优先"政策，使得德美关系、欧美关系越发紧张，不仅在经贸领域的摩擦增多，还在多边机构改革和多边治理问题上存在很大分歧，在"北溪-2"计划上威胁制裁德国。在军费开支问题上，美国甚至以可能不会在欧洲需要的时候提供保护为威胁，要求德国等成员国加大对北约的军费投入，这给德国的财政支出带来更大压力④。2020 年 7 月，特朗普决定从德国撤军。

美国的单边主义影响到的不只德国，甚至包括一些传统的大西洋主义国家，在某种程度上，美国的单边主义为法国实现欧洲化提供了助力。在特朗

① 赵晨：《变动中的美欧安全关系与欧洲独立防务建设前景》，《当代世界》2020 年第 11 期，第 44-50 页；赵怀普：《从"欧洲优先"到"美国优先"：美国战略重心转移对大西洋联盟的影响》，《国际论坛》2020 年第 3 期，第 49-65 页；赵怀普：《欧盟共同防务视阈下的"永久结构性合作"机制探究》，《欧洲研究》2020 年第 4 期，第 30-49 页。

② Cabirol, Michel, Exportations d'armes: l'Allemagne et la France proches d'une signature?, 2019 年 9 月 30 日发表, La Tribune: https://www.latribune.fr/entreprises-finance/industrie/aeronautique-defense/exportations-d-armes-l-allemagne-et-la-france-proche-d-une-signature-829390.html, 2021 年 3 月 15 日访问。

③ 丁一凡：《法国、美国与北约剪不断理还乱的关系》，丁一凡：《法国发展报告（2020）》，社会科学文献出版社 2019 年版，第 52 页。

④ 孙恪勤、侯冠华：《德国对华政策中的美国因素》，《国际展望》2020 年第 5 期，第 23-45 页。

普要求责任分担的背景下，英、法在欧洲防务合作上甚至有趋同的迹象①。丹麦曾一贯不参加欧盟防务合作，是坚定的大西洋主义者，但2021年欧洲对外关系理事会和欧罗巴智库进行的一项调查显示，在参与调查的11个国家中，丹麦成为对美国最挑剔的国家，只有10%的受访丹麦人相信美国会永远保护欧洲，在分年龄段的调查中，年轻人成为最期待十年后欧盟可以比美国更强大的群体②。

然而，在拜登当选美国总统不久后，德国的表态似乎表明德国已从法国推动欧洲化进程中的"支持者"转变为"异见者"。拜登自当选美国总统后，开始修复大西洋关系，重返《巴黎协定》，并叫停美国从德国撤军，重申北约的安全承诺，意图重塑欧美关系。德国时任防长卡伦鲍尔公开表态欧洲需要依靠美国军事保护，并且在可预见的将来都会是需要依靠美国的③。在2021年慕尼黑安全会议上，默克尔在欧洲战略自主问题上，公开表示将欧盟自身防御作为北约的补充④，这也再次体现出德国支持欧洲防务自主的局限性和摇摆性，以及美国作为外部因素给欧洲化带来的影响依然非常大。

现在，法国追求的防务欧洲不再在形式上完全排斥北约，而是强调在欧洲国家、欧盟、北约之间开展双边或诸边的不同维度的合作，以期在长远能形成欧洲的战略文化，这是欧洲化过程中妥协的结果。在英国脱欧的背景下，法国期待与其他有能力且有意愿的欧洲国家，尤其是德国开展更多合作，同

---

① After Trump and Brexit, EU to launch defence research plan, 2016年12月1日更新, EURAC-TIVE：https：//www.euractiv.com/section/global-europe/news/after-trump-and-brexit-eu-to-launch-defence-research-plan/，2021年2月14日访问。

② Sørensen, Catharina, Is Atlanticist Denmark turning more European？，2021年2月8日发表, European Council on Foreign Relations：https：//ecfr.eu/article/is-atlanticist-denmark-turning-more-european/，2021年2月28日访问。

③ Kramp-Karrenbauer, Annegret, Europe still needs America, 2020年10月2日发表, Politico：https：//www.politico.eu/article/europe-still-needs-america/，2021年2月19日访问。

④ 刘丽荣：《拜登在慕安会上宣称"美国归来"，但欧洲已不是原来的欧洲》，2021年2月22日发表, https：//m.thepaper.cn/newsDetail_forward_11407424，2021年2月28日访问。

时保持与英国的紧密联系，以期在安全与防务领域增强欧洲雄心。然而，在可预见的将来，法国不太可能在军事上选择完全依赖美国保护，并放弃建设欧洲防务自主，不仅因为法国与美国在北约的发展方向上分歧巨大，对马克龙来说，欧洲只有在防务事务拥有自主权，拥有独立自主的防御战略，美国才会尊重欧洲①。

综上所述，法国实现欧洲化的路径出现了被动欧洲化，但是最终目标并没有发生改变。外因既可能促进欧洲化，也可能成为欧洲化的阻碍。当美国和北约作为安全保障的可靠性下降，欧美摩擦增多的时候，会促使德国从中立者转变为法国的支持者，而欧美关系的改善，也会导致德国作为法国支持者的角色再次出现摇摆。

# 小 结

## （一）欧洲化的出发点

在法国与北约防务分歧中，法国既存在主动的欧洲化，也存在被动的欧洲化，虽然这些欧洲化现象有成功，也有失败，但是无论是哪一种欧洲化，法国的出发点都是国家利益。"二战"结束初期，法国对美国的依附地位严重削弱了法国对外政策独立性。戴高乐首先选择在防务领域反对美国霸权，以维护国家主权与政治独立。他发展自主核力量，并宣布退出北约军事一体

---

① 丁一凡：《法国、美国与北约剪不断理还乱的关系》，引自丁一凡：《法国发展报告（2020）》，社会科学文献出版社 2019 年版，第 52 页。

化组织。在这一过程中，法国试图将自己的政策偏好"欧洲化"，一方面，法国寄希望于德国可以与其共同反抗美国在北约内的主导地位；另一方面，通过法德合作来联合其他欧洲国家建设欧洲自己的防务，以摆脱美国在欧洲防务中的主导地位。这种主动欧洲化的出发点是对国家利益的考量。

在借助欧洲防务一体化建设，实现摆脱美国控制的对外政策目标欧洲化过程中，法国一方面积极在成员国中推动建设欧洲自主防务，另一方面又不得不在欧洲防务建设是否要替代北约、核威慑是否要欧洲化的问题上与其他成员国实现妥协，因为只有这样，才有可能使其他成员国在欧洲化过程中的立场发生改变，由"异见者"或"中立者"转为支持者，通过获得其他国家的助力，以进一步推动法国实现自身政策偏好的欧洲化。

法国退出北约军事一体化组织后，继续保持与北约密切的军事合作的做法，使其在财力、人力的付出与在北约军事行动的决策权不成正比。为了在共同军事行动中获得更多的决策权，并且打消其他成员国在发展欧洲自主防务上的顾虑，法国决定重返北约军事一体化组织，在原有欧洲化目标不变的情况下，选择将实现自身政策偏好的欧洲化路径被动欧洲化。

### （二）欧洲化的路径

法国与北约防务之争的欧洲化，既存在传统欧洲化研究方法——垂直路径的"上传"与"下载"的欧洲化，但更多地反映在成员国之间的互动上，即水平层面的"输入"与"输出"的欧洲化。在冷战初期，法国借助"输出"路径，试图联合联邦德国一同退出北约军事一体化组织，但是由于当时联邦德国处于冷战最前沿阵地，安全利益是联邦德国重要的核心利益，导致法国的欧洲化努力以失败告终。

法国希望借助欧洲防务一体化增强国际影响力，摆脱美国的主导和控制，但法国目前并没有成功地让其他成员国完全接受自己建设欧洲自主防务的最终目标，而是在这一过程中出现了妥协现象，逐渐放弃了要发展欧洲防务以替代北约的说辞，不再要求削弱北约或替代北约，而是形成对北约的补充，以获得其他国家对欧洲自主防务建设的支持，并且在核力量欧洲化问题上出现妥协的迹象。而德国和英国也逐渐改变对欧洲防务的立场，投入到与法国一起建设欧洲防务当中来。这种欧洲化既不是法国直接将政策偏好"上传"到欧洲层面，也不是简单地把自己的政策偏好"输出"给其他国家，而是在法国与其他成员借助"输出""输入"路径相互影响的基础上，法国与其他成员国，尤其是核心成员国先形成互相的"妥协"之后，再将妥协后的主张"上传"到欧洲层面。因此，本案例的研究提供了一种新的欧洲化路径，即"妥协后的上传"（见图3-1）。

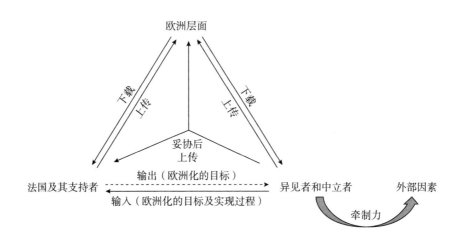

**图3-1　法国与北约防务分歧的欧洲化路径**

随着欧洲在防务一体化建设上取得了一定的进步，在成员国层面与欧洲层面之间，开始出现"上传"与"下载"的欧洲化路径。然而，由于在北约外的欧洲自主防务发展很有限，并没有达到法国的预期目标，法国在权衡"收益与付出"后，决定重返北约军事一体化组织，是一种基于"输入"路径的被动欧洲化行为。需要注意的是，这种被动欧洲化只是法国实现政策偏好的方式被欧洲化了，不代表法国的政策偏好本身或目标被欧洲化了。实际上，法国对于要最终把自己建立欧洲自主防务的主张主动欧洲化的目标，仍未动摇，甚至在特朗普执政期间，在马克龙的推动下，主动欧洲化目标的过程中出现了一些新的进展。

总体来看，法国政策偏好的欧洲化与欧洲防务建设一体化形成一定程度的交叉与重合，这是因为在本案例中，欧洲一体化是欧洲化实现的一种手段与目标。

### （三）影响欧洲化的因素

影响欧洲化结果的因素是多重的，既有内因，也有外因，既有法国自身的因素，也有欧洲因素和外部因素。法国自身的原因可以从两种意义上解释。从积极意义上看，取决于法国自身对于政策偏好欧洲化的推动。这种推动既包括在机制建设上的推动，如建设欧洲防务一体化和欧洲的自主防务；也包括在理念层面的推动，如从强调法国的独立自主，转向强调欧洲的独立自主。从消极意义上说，取决于法国在多大程度上愿意改变、调整、修订自己原有的政策偏好，与"异见者"和"中立者"形成兼容。在法国放弃了要发展欧洲防务以替代北约的说辞后，更容易与其他成员国的立场形成兼容，更有利于进一步实现欧洲化。

欧洲因素主要取决于德国因素和英国因素。德国最初是欧洲化的"异见者"，后转为"支持者"，但更多时候，是作为一个"中立者"。无论哪一种身份，哪一种态度，德国的出发点都是其国家利益。德国在冷战初期不失体面地拒绝同法国一起退出北约军事一体化组织，是因为法国采取独立的对外政策，不愿自身防务受制于北约，而德国更看重在这一问题上的安全利益，在冷战初期，退出的举动会严重威胁到德国这一核心利益。而后来因为政策的需要、对美国安全承诺的担心等原因，德国又在"支持者"与"中立者"的身份中摇摆。在《马斯特里赫特条约》和《阿姆斯特丹条约》有关防务建设的重要进展中，法德两国先通过水平层面的互动沟通，在双边谈判之后，再将协调后的政策偏好"上传"到欧洲层面。然而，德国还未能成为像法国一样坚定的支持者，不仅因为德国的军事资源远不及法国，缺乏军事干预传统，活动地域局限，没有要成为防务领导者的政治文化，由于历史原因，国内舆论也对发展强大的军事力量持保留态度，更因为德国并没有要坚定脱离北约支持，转向一心一意发展欧洲自主防务的政治抱负。在欧洲自主防务问题上，德国受到美国的影响比受到法国的影响更大。

英国在发展欧洲自主防务欧洲化上的作用曾一度比德国更加重要。英国作为安理会常任理事国、核大国、军事强国，军事资源和军事传统都比德国更加强势。此外，英国是欧盟防务问题上"大西洋派"的典型代表，是长期以来法国主张欧洲化的主要阻碍，英国的转变与合作在共同安全与防务政策建设上起到了比德国还要重要的作用。随着英国脱欧，法国一方面不放弃与英国在防务领域的合作，另一方面又在试图加强与德国合作，并寻找可以在防务领域加强合作的新抓手。

外部因素主要分为美国因素与国际环境。当美国自身深陷财政赤字、欧美贸易摩擦加剧、美国奉行单边主义和"美国优先"政策时，会对法国对外政策偏好的欧洲化起到促进和助推力的作用。这意味着原有的"北约"路径不再可靠，成员国可能会转向发展自身防务独立。当欧美关系改善的时候，可能会导致原来因外部因素变成"支持者"的成员国，再次发生立场的转变，成为欧洲化中的"异见者"或"中立者"。此外，当成员国认为外部威胁加剧的时候，如在冷战时期苏联出兵阿富汗的时候，也会促使成员国在内部进一步推动欧洲化的进步和发展。

### （四）欧洲化的结果

无论是试图联合德国退出北约军事一体化组织，还是推动建设欧洲防务自主，都服务于法国追求"独立"的对外政策主张，是法国试图将自身对外政策偏好欧洲化的重要举措。虽然法国热衷于建设欧洲防务自主，但也认识到这将会是一个漫长的过程，并不打算同时放弃大西洋联盟，所以重返北约军事一体化组织，因为北约是"实际的"，而欧洲防务自主是"最终的"。通过返回北约军事一体化组织，法国意图在北约内行使更大的决策权，并借此进一步加强北约内的欧洲支柱建设。因此，法国实现目标的路径被欧洲化了，但法国要建成欧洲防务自主的目标没有变，要联合欧洲脱离依靠美国军事保护的目标没有变。这是由法国的国家利益决定的，也是由法国希望借助欧洲实现"伟大"的对外战略目标决定的。考虑到法国自身政策偏好的欧洲化尚未完全实现，仍面临来自大西洋联盟的强大牵制力，因此法国与北约防务分歧中的欧洲化，是一种有限的欧洲化。

# 第四章　成功的欧洲化：
# 法国与美国货币之争

　　早在戴高乐时期，法国就认为美元霸权给法国的独立与主权带来冲击。在法国追求独立自主外交政策的影响下，从 20 世纪 60 年代开始，法国就与美国展开货币之争。法美货币之争既是金融问题，更是政治问题，是法国对外政策中的一项重大内容，服务于法国反抗美国霸权的外交战略。然而，法国早期的尝试结局以失败告终，随着欧洲一体化的发展，法国改变了针对美元霸权的对抗方式，融入并借助欧洲的力量，与美元开展较量。本章首先分析 20 世纪 60 年代法美在货币问题上直接对抗行动的欧洲化；其次分析法国如何通过推动欧洲货币一体化建设，以借助欧洲的力量迂回对抗美元，实现"货币极"的愿望；最后在法美货币之争成为欧美货币之争后，分析法国如何借助"欧洲化"的新手段，反对美元霸权。

# 一、法美在货币问题上的直接对抗

## （一）法美在货币问题上直接对抗的背景与举措

美国依靠两次世界大战的积累获得经济优势，在"二战"后逐渐建立起美元霸权，成为唯一与黄金有直接联系的主要资本主义货币国家。事实上，战后初期黄金储备匮乏，在无法实现自由兑换黄金的情况下，这一体系的实质就是把其他国家货币与美元按一定比价联系起来，这就使得美国的对外贸易和资本输出更加有保障。在第二次世界大战结束初期，英镑在各个国家的外汇储备中的比例是高于美元的，高达80%以上，主导地位明显，后出现急剧下降，美元迅速超过英镑成为主要外汇储备货币[1]。随着英国实力的衰落，英镑的储备货币地位已经无法与美元同日而语，英镑的地位日渐削弱，在外汇储备中的比例也逐渐落后于美元。1964年，美元储备总额已经是英镑的两倍，美元逐渐成为资本主义国家的主要储备货币，并在各个国家的外汇储备中占据越来越重要的地位，加强美国吸收短期资金用于长期贷款或对外投资的能力[2]。

"二战"结束初期，欧洲百废待兴，但随着欧洲经济的恢复和一体化的发展，西欧经济竞争力逐渐增强，加之美国对外进行经济和军事扩张，出现财政赤字及通货膨胀问题，美国的国际收支出现逆差，特里芬难题凸显，对

---

① ［美］巴里·艾肯格林、［法］阿尔诺·梅尔、［罗马尼亚］利维娅·齐图：《货币变局：洞悉国际强势货币交替》，符荆捷译，机械工业出版社2019年版，第119-120页。

② 浦山：《浦山集》，中国社会科学出版社2006年版，第131页。

西欧的资本输出迅猛增加，引起欧洲的通货膨胀。其他国家的美元储备呈增长态势，这些美元储备从理论上说是可以随时兑换成黄金的，但是美国的黄金储备从 1949 年占资本主义世界黄金储备的 3/4 下降到 1965 年 6 月底只占资本主义世界黄金储备的 1/3，西欧六国的黄金储备已经与美国持平，如果算上西欧六国的外汇储备，总量已经远远超过了美国的黄金储备。① 然而，美国不仅没有足够的黄金兑换美元，黄金价格还被人为压低，在美国实际购买力下降的情况下，美元对黄金价格不变，所以其他国家的美元储备实际上是贬值的。在 1960 年和 1968 年，爆发了两次美元危机。

法国之所以选择与美元对抗，有其经济方面的考虑，更有政治原因，并服务于法国的外交战略。从经济意义上讲，法郎作为储备货币基本局限于法郎区，发挥的作用非常有限。法国人认为在建立布雷顿森林体系的时候，法国刚经历战乱百废待兴，没能在建立战后货币体系的谈判中扮演更加积极的角色，因而很多法国官员都认为布雷顿森林体系是为美国利益设计的，而金本位对法国贸易竞争更加有利。②

此外，对抗美元的行为更多的具有一种政治意义，并服务于法国的外交战略。20 世纪 50 年代末 60 年代初，法国鼓励美国在法投资，但随着美国在法投资增长迅猛，美国国际收支赤字增加的同时，却在持续收购法国企业，因此戴高乐认为美国利用国际收支赤字，为收购法国企业融资，换言之，正是法国在出资帮助美国收购法国企业③。并且，美国资本主要集中于法国的新兴或重要工业部门，如电子计算机、农业装备等，这种行为被视为对法国

① 浦山：《浦山集》，中国社会科学出版社 2006 年版，第 134－135 页。

② Caton, Valerie, *France and the Politics of European Economic and Monetary Union*, New York: Palgrave Macmillan, 2015, pp.4－5；［美］弗朗西斯·加文：《黄金、美元与权力——国际货币关系的政治（1958－1971）》，严荣译，社会科学文献出版社，第 114 页。

③ ［美］弗朗西斯·加文：《黄金、美元与权力——国际货币关系的政治（1958－1971）》，严荣译，社会科学文献出版社，第 196－197、208 页。

独立和主权的威胁和入侵，法国政府甚至公开宣布"不同意美国公司吞并法国企业，不欢迎美国收购法国公司"①，法国一度成为最不欢迎盎格鲁撒克森投资的欧洲国家②。戴高乐强调"欧洲必须决定欧洲""没有金融独立，就不会存在独立了"③。1962 年，美国与法国和德国在柏林问题和发展核武器问题上出现分歧，政治关系急剧恶化，进一步加速法国对美国国际货币政策的攻击，美国的一些重要官员也接到了攻击包含的政治信号，如美国时任副国务卿乔治·鲍尔就曾指出，法国的政策"既涉及金融问题，也涉及政治问题"④。法国把其独立自主的外交思想运用到直接对抗美元之中，反过来，直接对抗美元又服务于法国反抗美国霸权的外交战略。

美国采取一系列措施试图维护美元地位，但是均遭到了法国的反制。第一，美国劝阻其他国家把美元兑换成黄金，法国却要求美国把美元兑换成黄金，自 1962 年起法国连续多年都是兑换得最多的国家。第二，为了偿还欠款，美国向一些国家的央行发行不能在市场上买卖的特殊中期债券，但法国拒绝购买。第三，国际货币基金增资问题，美国试图大量增资以方便信贷，法国曾表示反对。第四，缴纳黄金，美国和英国主张变通，减免增资中应该缴纳的黄金，法国坚决反对。⑤

1963 年，在十国会议上，法国提出共同储备单位计划（Collective Reserve Unit）。通过这一计划，法国试图在提高黄金地位的同时，削弱美元地位。此外，通过赋权新机构，也可以削弱国际货币基金组织的地位和作用。

---

① 吴国庆：《战后法国政治史》（第二版），社会科学文献出版社 2004 年版，第 167-168 页。

② Vaïsse, Maurice, *La Grandeur: Politique Etrangère du Général de Gaulle*, 1958-1969, Paris: Fayard, 1998, p. 398.

③ ［美］弗朗西斯·加文：《黄金、美元与权力——国际货币关系的政治（1958-1971）》，严荣译，社会科学文献出版社 2016 年版，第 197 页。

④ ［美］弗朗西斯·加文：《黄金、美元与权力——国际货币关系的政治（1958-1971）》，严荣译，社会科学文献出版社 2016 年版，第 109-111、202 页。

⑤ 浦山：《浦山集》，中国社会科学出版社 2006 年版，第 136-141 页。

1964年，法国再次强调把黄金放在国际货币体系核心，并加强多边监管。法国提出这一主张，主要是由于法国人认为金本位比布雷顿森林体系对自己更有利，通过把货币与黄金挂钩，可以保持价格稳定，鼓励投资，并通过货币贬值来获得竞争优势①。1965年2月4日，戴高乐在记者招待会上发表讲话，提出恢复金本位的主张②。1965年，法国开始全面攻击美元，于当年兑换了近9亿美元的黄金，为1964年的两倍多（见图4-1）。

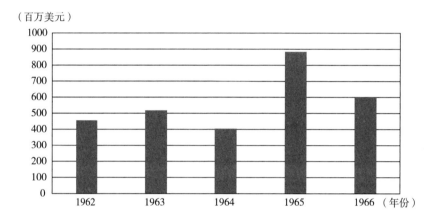

**图4-1 1962~1966年美国对法国出售黄金总量**

资料来源：C. Fred Bergstein，*The Dilemmas of the Dollar：The Economics and Politics of United States International Monetary Policy*，New York：University Press，1975，p.249③.

---

① Caton，Valerie，*France and the Politics of European Economic and Monetary Union*，New York：Palgrave Macmillan，2015，pp.4-5.

② Conférence de presse du 4 février 1965，Fondation Charles de Gaulle：https：//fresques. ina. fr/de-gaulle/fiche-media/Gaulle00105/conference-de-presse-du-4-fevrier-1965. html，2021年1月1日访问。

③ 陈平、管清友：《大国博弈的货币层面——20世纪60年代法美货币对抗及其历史启示》，《世界经济与政治》2011年第4期，第25-47页。

### （二）欧洲化的努力——欧洲协调

在将法美货币之争欧洲化的过程中，联邦德国的态度非常重要。法国联合联邦德国，将会更加有利于拉拢带动其他国家，对美国形成限制，如果美国联合联邦德国，法国就会在欧洲陷入孤立。然而，德国对法美货币之争的态度出现摇摆，时而是欧洲化的"支持者"，时而是欧洲化的"异见者"。一方面，联邦德国支持法国在国际货币体系改革上的一些举措，因为美国资本大量流入西欧，导致西德财阀不满，后者认为美国对西欧的资本输出抬高了收购价格，德意志银行和前联邦银行的相关负责人也支持以部分美元换黄金或恢复金本位、加强法德协调①。另一方面，联邦德国在安全防务问题上严重依赖美国，尤其在冷战背景下，联邦德国地处冷战前沿阵地，安全防务问题的重要性进一步提升。美国军队在德国驻扎，既防止苏联入侵，又防止德国军事力量再次威胁欧洲安全，时任德国总理也肯定了驻军的必要性②。同时，德国有义务以不同形式支付美国相应的费用，主要通过签订"补偿协议"直接支付给美国，或者进行军事采购，德国本来只想投资美国政府短期债券③，并把不将美元外汇兑换黄金的承诺停留在口头层面，迫于美英减少驻德军队的威胁之下，德国在 1967 年恢复向美国进行补偿性军事采购，购买高达 5 亿美元的美国中期国债，并在德国联邦银行行长布莱辛写信给美联储主席的信件中承诺不用美元外汇储备兑换黄金④，这些举动导致法德合作和欧洲化进程受到阻碍。这种左右的摇摆，或者说小心的平衡，在 1967 年 4 月

---

① 浦山：《浦山集》，中国社会科学出版社 2006 年版，第 143 页。

② ［法］吉斯卡尔·德斯坦：《德斯坦回忆录——政权与人生》，侯贵信等译，世界知识出版社 1991 年版。

③ 赵柯：《货币国际化的政治逻辑——美元危机与德国马克的崛起》，《世界经济与政治》2012 年第 5 期，第 120–141 页。

④ 陈平、管清友：《大国博弈的货币层面——20 世纪 60 年代法美货币对抗及其历史启示》，《世界经济与政治》2011 年第 4 期，第 25–47 页。

22 日的会议上表现得尤为突出：联邦德国经济部长既对法国主张的提款权计划感兴趣，德意志银行代表又对美国的储备单位方案表示支持。美国继续以各种方法拉拢德国，在 4 月 24 日的总统备忘录中，美国国务院明确要求分离德法立场，争取德国支持；在美国财政部长福勒写给德国经济部长席勒的信中，威胁德国如果不在货币问题上与美国合作，美国会采取一系列措施，其中包括贸易保护措施和削减"保护自由世界的安全"的费用，因此，德美之间实际上形成了"货币换安全"的制度结构①。

德国左右摇摆的态度也影响到其他国家，成功分裂了欧洲立场，意大利和荷兰选择支持美国方案，导致欧洲化的失败。法美在新的资产的属性问题上意见不一，使得欧洲立场出现分歧。最终，德国向美国透露出欧洲国家的主要关切是在国际货币基金组织的发言权，在这一关切得到满足的情况下，欧洲立场将向美国靠拢，并建议美国放弃"储备单位"的提法，在"提款权"基础上谈判，因而，美国提出了"储备提款权"方案，这一提款权与国际货币基金组织提款权和欧洲提款权方案的提款权都不同，法国的诉求远远没有得到满足，但由于没有了德国的支持，法国也只能表示不满，而无法采取实质性反击②。在 7 月的会议上，法国的一项主张终于得到其他欧洲国家的支持，即新的储备资产必须被偿还，成为一种信贷工具而不是储备货币，并在法国和意大利的强烈要求下，迫使美国将偿还比例从 25% 提高到 30%，但美国还是成为了法美货币之争的真正赢家，因为这一"提款权"的实质还是"储备单位"。③

---

① 赵柯：《货币国际化的政治逻辑——美元危机与德国马克的崛起》，《世界经济与政治》2012 年第 5 期，第 120–141 页。

②③ 陈平、管清友：《大国博弈的货币层面——20 世纪 60 年代法美货币对抗及其历史启示》，《世界经济与政治》2011 年第 4 期，第 25–47 页。

### （三）欧洲化的结果及原因

1968 年，法国国内爆发"五月风暴"，学生罢课、工人罢工从巴黎遍及法国，社会动荡，外汇储备流失，法国经济遭受重创。同年 7 月和 11 月，法郎先后爆发两次危机，在英美的支持下，法国才勉强渡过难关，因此戴高乐不得不对美国采取更为缓和的态度。此后，蓬皮杜决定让法郎贬值。这一阶段法国试图将打击美元欧洲化的设想从总体上看以失败告终。

首先，从法国自身来说，自身实力尚未强大到可以撼动美元霸权。《罗马条约》的签订和加入关贸总协定要求成员国经济更加具有开放性，这就意味着要求成员国经济更具有竞争力，但是此时的法国经济发展不景气，竞争力很有限。法国试图通过增加黄金储备使法郎坚挺，以削弱美元实力，一系列对美元进行攻击的行为的结果是布雷顿森林体系崩溃，但并没有改变美元的霸主地位，甚至反而使得其货币权力进一步加强。当"五月风暴"发生后，法国内部社会动荡、政局不稳、经济衰退，更是在对美元直接打击上显得力不从心。

其次，这一时期的一体化还处于起步阶段，不够深入，货币领域的一体化建设十分有限，欧洲化所带来的欧洲层面向下的垂直影响力非常有限。虽然《罗马条约》规定欧共体机构在促进成员国货币政策协调方面负有责任，但各成员国在汇率变动上和国际信贷上并没有预先告知过货币委员会，而是各行其是，如 1961 年，联邦德国和荷兰为调节国际收支，自行宣布德国马克和荷兰盾升值，并未事先通知货币委员会，1964 年，意大利因国际收支出现问题，撇开欧共体及其他成员国，单独向国际货币基金组织和美国请求支援①。法国的对抗举动也自然难以依靠欧洲层面的机制支持和成员国的政策

---

① ［法］法布里斯·拉哈：《欧洲一体化史 1945-2004》，彭姝祎、陈志瑞译，王立强、刘绯校，中国社会科学出版社 2005 年版，第 44-46 页。

支持。

最后，在关键问题上没有争取到德国的支持，法国联合德国与美国开展货币之争不符合德国的国家利益。在法美货币战中，法国试图将自己的政策偏好欧洲化，通过联合联邦德国，以拉拢带动其他国家，避免在欧洲陷入孤立。然而，一方面，安全问题对冷战初期的联邦德国来说，是关系到国家利益的重大问题，在美国的胁迫与压力下，德国只好以"货币"换"安全"。另一方面，20世纪六七十年代德国采取资本管制，限制其他国家中央银行持有德国马克，以维护德国中央银行对通货膨胀的控制能力，阻碍德国马克成为外汇储备货币，在货币国际化问题上，这种妨碍政策会比鼓励政策更有效①。由于对德国的"输出"路径是失败的，德国态度成功分裂了欧洲立场，导致了欧洲化的失败。

## 二、从法美货币之争到欧美货币之争

### （一）欧洲化的手段：从协调立场到欧洲货币体系

20世纪60年代末，在德国经济迅猛发展和美国经济深陷赤字困境的情况下，布雷顿森林体系变得越发脆弱。法国曾在1971年欧共体财长罗马会议上，成功联合欧共体六国和即将加入欧共体的英国，一同给美国施压，迫使美国让步，实现了美元贬值。这一时期，欧洲货币协调一体化机制尚未形成，

---

① ［美］巴里·艾肯格林、［法］阿尔诺·梅尔、［罗马尼亚］利维娅·齐图：《货币变局：洞悉国际强势货币交替》，符荆捷译，机械工业出版社2019年版，第132－135页。

是一种没有"欧盟（欧共体）"的欧洲化。与此同时，由于 20 世纪 60 年代直接打击美元困难重重，法国便开始谋划建立欧洲货币联盟以进行迂回打击。起初在这一问题上，法国与德国的态度并不一致，成为了欧洲化的重要阻碍。

法国积极推动建设欧洲货币一体化。在欧洲货币一体化进程中，法国在不断摸索中提出一系列创举，最具代表性的就是欧洲货币体系和单一货币体系。1969 年的海牙峰会上，在蓬皮杜倡议下，欧共体成员国将建立欧洲货币联盟确立为正式目标。1970 年的维尔纳报告同样主要基于法国人，尤其是雷蒙·巴尔（曾就职于欧洲委员会，后成为法国总理）的想法①。根据维尔纳报告，将在十年内分三步建立欧洲共同货币，并通过中央放在一起管理来自成员国的储蓄②。大多数欧洲国家都对提议的可行性产生了怀疑，尤其是德国人③。1972 年，在尼克松于 1971 年单方面宣布中断美元兑换黄金后，巴塞尔协议确立了蛇形浮动机制，使欧洲国家的货币比价在一定区间内进行浮动，最高不超过 2.25%。欧共体成员国开始采取这种半固定汇率制，实际上是顺应了法国人主导的维尔纳报告中要建立欧洲货币联盟的目标，是一种通过"输出"路径得以实现的欧洲化。欧洲货币合作基金在 1973 年成立，以对蛇形浮动成员国央行的干预进行更好的协调。

德国在欧洲货币一体化问题上的态度一开始是较为审慎的，是欧洲化过程中的"异见者"。德国不热衷创建一个替代品来替代德国马克，担心继恶性通胀后，再次引发恶性通货膨胀，其他成员国可能会采取不负责任的行为，导致德国要为其行为买单，并且法德以及欧洲内部对于欧洲化的具体实现方

① Caton, Valerie, *France and the Politics of European Economic and Monetary Union*, New York：Palgrave Macmillan, 2015, pp. 6-7.

② Le "plan Werner", CVCE. EU, https：//www.cvce.eu/education/unit - content/-/unit/7124614a-42f3-4ced-add8-a5fb3428f21c/f6f25400-758d-4f73-bf24-d5347a3a0b5d.

③ Defraigne, Jean-Christophe et Patricia Nouveau, *Introduction à l' Economie Européenne*, Bruxelles：De Boeck, 2013, pp. 482-503.

式仍存在分歧。此外，自维尔纳计划以来，在实现货币一体化的道路上就有了两种观点①：第一种观点是经济学家派，主要支持者是德国和荷兰，认为宏观经济政策趋同、宏观经济指标（通货膨胀率、贸易平衡、公共赤字）趋同在实施共同货币前是必要的。德国和荷兰的政府和央行想要限制公共赤字和通货膨胀，他们认为这些因素会妨碍国家经济的运行，无法实现强大的货币，而货币强大有利于他们跨国企业的扩张，因为会使国外直接投资没有那么昂贵。货币强大还有利于国家经济朝着高附加值产品出口的方向发展。这一派成员国担心在宏观经济趋同之前实现货币联盟会削弱他们的货币，并且使他们的经济出现大规模通货膨胀。而法国和意大利在贸易平衡和通胀水平相比的较差表现，反映出了与货币强势国家相比，其国家经济的弱势。作为大农业国，法意两国与德国在工业基础与技术方面相比还是落后一些，尤其是意大利，需要进口大量的设备和高科技产品。第二种观点是货币学家派，主要代表国家是法国、比利时和卢森堡，倾向于快速实现货币一体化，认为取消货币障碍（汇率风险和换汇费用）有利于资本和商品的市场一体化，更能给欧共体经济体之间带来更强的相互依存，并使得宏观经济自然而然地达到趋同。

　　然而，20 世纪 70 年代石油危机和美元贬值，给欧洲外汇市场造成压力。由于市场对欧洲各种货币的需求度不一样，货币之间汇率波动和差异性加剧，当时蛇形浮动的稳定被削弱，削弱了共同体内部贸易，推升马克不断升值，不利于德国出口，德国商品的国际竞争力下降，因此德国在 70 年代末改变态度，与共同体加强合作，以期稳定马克②。

　　此外，欧洲一体化的溢出效应给欧洲化进程带来巨大的拉动力。布雷顿

---

① Defraigne, Jean-Christophe et Patricia Nouveau, *Introduction à l' Economie Européenne*, Bruxelles: De Boeck, 2013, pp. 496-503.

② 李卓:《欧洲货币一体化的理论与实践》，武汉大学出版社 2005 年版，第 75-77 页。

森林体系在一定程度上稳定了资本管控体系，限制了货币投机行为。然而，布雷顿森林体系瓦解后，货币交易者绕开货币管控开始从浮动汇率里获利，使得欧洲的美元市场增长，德国被迫使德国马克浮动升值，对法国来说，最重要的共同农业政策受到德国马克资本流动的影响，需要复杂的再调整和协商。缺乏稳定的货币体系已经威胁到欧洲经济共同体最重要的共同政策，并使得发展其他新的欧洲政策陷入困境①。

然而，蛇形浮动作为"欧洲化"的一项阶段性成果，具有局限性。20世纪70年代结构性危机导致经济增长放缓，失业率增高，出现公共赤字，所以成员国采取了不同，甚至是相反的宏观经济政策。法国因为通胀采取了与意大利等国家一样的扩张性预算政策，使得货币贬值；德国和荷兰采取的是紧缩的货币政策，导致货币升值。随后石油危机爆发，德国采取反通胀措施，法郎与马克比价不再能够持续，法郎成了蛇形浮动中最弱的货币，必须要采取措施来维护自己，而不是维护集体。1974年，法国被迫从蛇形浮动中退出，在1975年重返后，又在1976年退出。法国通货膨胀现象恶化，出口受到严重影响②。不只是法国法郎，甚至英国英镑和意大利里拉都退出了蛇形浮动，因为蛇形浮动实质上是类似于一个德国马克区，留下的基本上是德国在欧洲共同体内的邻国，这些国家同时也是德国的主要贸易伙伴，如比利时、丹麦、卢森堡、荷兰等③。

为了最终政策目标的欧洲化，法国先在宏观经济政策上逐渐向德国趋同，是一种借助"输入"路径的被动欧洲化，继而与德国一同提出建立欧洲货币

---

① Caton, Valerie, *France and the Politics of European Economic and Monetary Union*, New York: Palgrave Macmillan, 2015, pp. 5-6.

② Caton, Valerie, *France and the Politics of European Economic and Monetary Union*, New York: Palgrave Macmillan, 2015, pp. 6-7.

③ Defraigne, Jean-Christophe et Patricia Nouveau, *Introduction à l' Economie Européenne*, Bruxelles: de boeck, 2013, p. 498.

体系，是在外因刺激下，一种借助"上传"路径的主动欧洲化，具有很强的政治色彩。首先，法国的宏观经济政策出现了明显的通过"下载"和"输入"路径的被动欧洲化现象。20 世纪 60 年代，法国和意大利的贸易逆差愈发严重，经常通过货币贬值的方法进行短期调节。这两个国家都经历了社会动荡，法国 1968 年发生"五月风暴"，意大利在 1969~1971 年经历"热秋"罢工，这两次动荡使得国家作出了巨大的社会妥协，其中包括提高工资在国内生产总值中的占比。企业在提高工资的情况下，不得不提高产品价格以保持利润，如此一来，就形成了螺旋式的工资通胀，而国家也不得不通过公共赤字来提升公务员的工资水平[1]。1976 年，雷蒙·巴尔接替希拉克任总理，法国在削减公共开支和打击通货膨胀问题上与德国的立场更加接近，实现了与德国宏观经济政策的逐步趋同。法国、意大利和比利时这些在 70 年代反复经历贸易逆差、高通胀率的国家，在 80 年代，终于在宏观经济指标上逐渐向德国和荷兰靠拢，而这一变化可以归因为欧洲货币体系的要求和 1992 年《马斯特里赫特条约》中加入货币联盟的条件[2]。因此，这里出现了从欧洲层面传导至法国国家层面的欧洲化，是一种"下载"路径的被动欧洲化，而法国的适应性调整，也是为了进一步促进欧洲层面的货币一体化建设，实现自身政策偏好"上传"的欧洲化。

在欧共体委员会主席詹金斯、法国总统德斯坦和德国总理施密特的共同支持下，1979 年，法国总统德斯坦和德国总理施密特共同提出建立欧洲货币体系。欧洲货币体系的政治色彩比蛇形浮动更多，这是因为随着牙买加体系建立了浮动汇率制，布雷顿森林体系彻底宣告结束，美国后来的单边政策在

① Defraigne, Jean-Christophe et Patricia Nouveau, *Introduction à l'Economie Européenne*, Bruxelles: de boeck, 2013, p. 501.

② Defraigne, Jean-Christophe et Patricia Nouveau, *Introduction à l'Economie Européenne*, Bruxelles: de boeck, 2013, pp. 496-503.

法国和德国眼里是不稳定的，推动建立欧洲货币体系的成员国认为美国的货币单边主义会持续存在，并且对欧共体是有害的①。

之所以德国可以从欧洲化的"异见者"转为"支持者"，不仅有美国单边主义的刺激因素，而且在很大程度上还得益于一体化的溢出效应要求货币一体化必须要提上日程。关税同盟旨在促进各成员国之间的自由流通，但20世纪60年代美元经历的几次动荡给欧洲货币市场造成冲击，汇率波动频繁，金融投机行为频发，投资不振，市场变化频繁，阻碍了成员国之间的自由贸易，四大流通之一的资本流通也受到阻碍，同时给各成员国的宏观经济政策带来压力。此外，共同农业政策下对法国农民的补贴受到马克资金流入的负面影响，缺乏稳定的货币政策可能会破坏欧共体当时最重要的共同政策，并使得发展新的欧洲政策更加困难。

### （二）欧洲化的实现：欧洲货币联盟

法国借助"上传"路径实现欧洲化的另一项重要举措是建立欧洲单一货币体系，主要目标是借助欧洲单一货币实现挑战美元霸权。实际上，在欧洲货币体系之下，如果马克表现得比其他货币更加强劲，那么就会导致德国要采取政策来维持比价，而不是弱势货币进行调整，这使得法国经济在欧洲货币体系的帮助下逐渐趋于稳定。但是，由于法国在欧洲货币体系中总是处在要求调整的弱势一方，就逐渐把体系的主导权让给了拥有强势货币的德国，德国成为事实上的欧洲货币管理主导者。在这种情况下，欧洲货币体系里的弱势货币不得不接受比实际情况更高的利率，这就进一步压制了经济和就业

---

① Eighengreen, Barry, *The European Economy since* 1945, Princeton：Princeton University Press, 2007, pp. 282-289.

增长，考虑到及时调整原则是有政治成本的，所以法国在使用上也会比较节制①。法国试图用单一货币体系取代欧洲货币体系，想通过把德国限制在欧洲框架里并避开德国马克，以获得更多经济与货币政策制定的主导权，而欧洲单一货币会减少法国在应对投机资本流动的脆弱性，并有助于最终挑战美元的国际霸权地位。此外，1968 年的"五月风暴"差点摧毁了法兰西第五共和国，20 世纪 70 年代通胀严重，法国工业和基础设施现代化建设和维持社会福利需要融资，由于 1973 年通过的法案，法国政府在法律上不能控制法国央行创造货币，政府的政策选择被严重限制，从政治上看，通过领导欧洲经济与货币一体化并将其作为外交倡议，限制德国经济实力来重获法国的威望，可以回击国内的民族主义和保护主义②。

借助欧洲化的"输出"路径，法国财长巴拉迪尔在写给成员国的倡议信中提到应避免欧洲的经济和货币政策被某一国主导，认为德国的一些政策阻碍了欧洲经济增长③。法国不仅希望遏制德国经济霸权，而且还希望瓦解西德经货政策在西欧的支配地位，通过借助发展欧洲货币联盟，使西德的货币力量欧洲化，才能保证自身地位不受威胁，其他国家如荷兰、比利时、意大利也在这一问题上持与巴拉迪尔类似的观点，或认为德国政策僵化。所以在这一时期，法国得到了其他成员国的支持，除了德国以外，其他成员国也要求改变当前货币机制，但如果德国持反对意见，作为当下机制的主导国，可能会给货币机制改革带来很大阻碍④。20 世纪 80 年代末适逢两德实现统一的关键时期，虽然法德双方在"欧洲的屋檐下实现德国统一"达成共识，但是

① Caton, Valerie, *France and the Politics of European Economic and Monetary Union*, New York: Palgrave Macmillan, 2015, pp. 7-8.

② Caton, Valerie, *France and the Politics of European Economic and Monetary Union*, New York: Palgrave Macmillan, 2015, pp. 8-10.

③④ 李卓：《欧洲货币一体化的理论与实践》，武汉大学出版社 2005 年版，第 137 页。

法德在具体的实现路径上有重大分歧。密特朗主张先建立经货联盟，科尔则认为应先建立政治联盟。在双方分歧僵持不下的时候，东德局势快速恶化，为抓住机会实现两德统一，科尔作出让步，以换取法国在两德统一问题上的支持，并通过合作的态度安抚其他成员国，德国统一不会改变与成员国的伙伴关系①。因此，即便在德意志联邦银行行长等经济学家保持谨慎态度、更倾向于维持欧洲货币体系的时候，德国外长根舍和德国总理科尔表现出极大的兴趣和热情——如果德国的经济强势地位能够带来货币联盟的主导地位，如此一来，同样符合德国的利益②。正如科尔所说："建立货币联盟是政治上的重要一步，因为德国需要朋友。"③ 因此，德国与法国之间形成了"货币"换"政治"模式。

1989 年，德洛尔向欧洲理事会提交了德洛尔计划，计划分三个阶段建立经货联盟。在 1990 年的政府间会议上，决定把经货联盟作为《马斯特里赫特条约》的一部分。然而，虽然最终目标都是建立欧洲经货联盟，但是在达到这个目标的途径和时间安排上，出现了持不同立场的多种对策。法国主张要快速推进一体化的深化，一方面可以把统一的德国限制在严格体制化的深度一体化进程中，另一方面考虑到东西对立会导致民族主义泛滥，深度的一体化融合可以使得极端民族主义变得不可能。苏联解体后的中东欧国家希望加入欧盟，那就不能把重点放在强调它们的国家身份上，所以在迎接新的成员

① 李卓：《欧洲货币一体化的理论与实践》，武汉大学出版社 2005 年版，第 137 页

② Loedel, Peter H., *Deutsche Mark Politics*: *Germany in the European Monetary System*, Boulder: Lynne Rienner, 1999, p. 97；田野、张晓波：《国家自主性、中央银行独立性与国际货币合作——德国国际货币政策选择的政治逻辑》，《世界经济与政治》2012 年第 1 期，第 93-111 页。

③ ［英］戴维·马什：《欧元的故事——一个新全球货币的激荡岁月》，向松祚、宋珊珊译，机械工业出版社 2011 年版，第 116 页。

国加入前，进一步加深欧洲一体化建设也是必要的①。

最终，欧洲货币联盟体现了"妥协后再上传"的欧洲化路径。在欧洲货币联盟的具体设计和时间节点上，并没有完全满足法国或德国的单方诉求，而是双方进行了妥协，实质上是德国为主导的设计配合着法国所要求的明确的时间节点，法国的让步还包括同意欧洲央行的独立性，因为德国要求新货币可以像马克一样稳定、管理得当②。在经济联盟的规划上，法德出现分歧，法国认为应先建立货币联盟，货币联盟自然会带来经济趋同，德国认为完全趋同需要艰难的政治决定，坚持同时展开政治联盟建设，双方也在分歧上各自做出让步，采取共同推进的举措。

### （三）欧洲化的结果与影响：从法美货币之争到欧美货币之争

20 世纪 60 年代打击美元失败的经历使法国意识到法郎的实力难以击垮美元霸权，所以在与德国的合作和其他成员国的支持下，法国推动欧洲货币一体化进程，试图实现从法美货币之争到欧美货币之争的欧洲化。1999 年成功建立欧元区，标志着法国领导人达成了超过三十年来追寻的战略目标，法国总统公开指出，法国达成了其目的，并认为欧洲有能力成为全球最重要的经济和货币力量。③

法国影响下的欧洲货币联盟，在法国内部被视为加强法国影响、欧洲影响和全球影响的重要途径，使得法国经济的逐步现代化成为可能。欧洲货币

---

① Caton, Valerie, *France and the Politics of European Economic and Monetary Union*, New York：Palgrave Macmillan, 2015, pp. 79-82；Eighengreen, Barry, *The European Economy since* 1945, Princeton：Princeton University Press, 2007, pp. 346-356.

② Caton, Valerie, *France and the Politics of European Economic and Monetary Union*, New York：Palgrave Macmillan, 2015, pp. 79-91.

③ Caton, Valerie, *France and the Politics of European Economic and Monetary Union*, New York：Palgrave Macmillan, 2015, pp. 128-131.

联盟的政治推动力使得法国从 20 世纪 70 年代和 80 年代经济政策错误中恢复过来，符合其当时稳定货币体系和经济发展的需要。法国前总理若斯潘指出，对法国来说，吸纳欧元区成员国可以使得欧元区在国际机构有更强的政治影响力，欧洲应该在建立国际货币政策对话中起领导作用，通过建立货币联盟带来的稳定来建立信誉，甚至有一天可以挑战美元，成为全球贸易和储备货币①。

　　然而，在欧元发行若干年之后，法国相对于德国的经济劣势，也变得更加明显。在欧元发行之时，法国经济持续增长比德国更加强劲，工资成本比德国更加具有竞争力，且贸易为顺差。但是在欧元出现的第一个十年，这种 20 世纪 80 年代和 90 年代好不容易争取来的相对于德国的竞争优势消失了。从欧盟层面来说，欧洲央行通过维持高利率来增强欧元实力，削弱了法国经济增长和贸易竞争力。从成员国层面来讲，第一，若斯潘政府在 2000 年引入每周 35 小时工作制，这一改革措施旨在增加就业机会，降低失业率，但却带来工资水平被推高的后果，而且这一举措对吸引外资也有一定负面影响，外商投资转向其他国家，又会进一步减少就业机会，另外，德国削减工资开支，并引入雇主与贸易联盟都统一的更加灵活的工作实践；第二，法国在中等制造业如汽车制造业的适应能力不如德国企业，德国大力发展对发展中国家出口，利用中东欧廉价劳动力转移汽车组装，并在 2005 年成为世界上第一大出口国。法国在更加开放的欧洲的竞争力出现了下降的迹象，随着法国人否决《欧盟宪法条约》，2005 年后，伴随着德国经济复苏，法德的力量对比向德国倾斜②。

---

　　① Caton, Valerie, *France and the Politics of European Economic and Monetary Union*, New York: Palgrave Macmillan, 2015, pp. 128-130
　　② Caton, Valerie, *France and the Politics of European Economic and Monetary Union*, New York: Palgrave Macmillan, 2015, pp. 130-136, 143.

欧洲货币一体化给欧洲带来一系列的好处：首先，它在欧元区内消除了汇率的风险，有利于共同市场和四大流通的完善与一体化的深化；其次，它消除了换汇手续费，使价格比对更加透明；再次，给金融市场带来稳定性，更加有利于金融市场一体化；此外，就是获得铸币税，也被称为"嚣张的特权"，但长期以来，这种特权所带来的好处被高估，应当客观看待铸币税带来的利与弊；最后，欧元的实力越来越壮大，使得国际货币体系朝着多中心方向发展，欧元目前已经成为第二大储蓄货币和现有货币中最有可能挑战美元霸权的货币。

然而，欧洲货币联盟也存在一些先天性的缺陷：首先，欧洲央行的目标在很大程度上反映了德意志央行和德国政府的意志，德国模式却无法保护经济较弱的成员国免受宏观经济冲击；其次，欧元区还不是最优货币区，由于成员国之间的经济与社会发展状况不同，所以会导致成员国对货币政策的需求是不一样的，当遇到不对称的宏观经济冲击时，一些国家就会付出代价；再次，加强了欧元区工业的专业化和贸易收支不平衡，资本的流向主要是国家债券、房地产和银行借贷，而不是生产活动，生产活动对于资金的吸引力较弱；最后，统一的货币政策可能不是对欧元区的所有国家都是适合的，欧元区成员国的经济周期不是完全同步的，开放程度与工业特点也不一样，所以可能不是所有的成员国在同一时间都需要同一种货币政策，而单一货币体系要求指导利率由欧洲层面来决定[1]。

---

① Defraigne，Jean-Christophe et Patricia Nouveau，*Introduction à l' Economie Européenne*，Bruxelles：de boeck，2013，pp. 529-556.

# 三、反对美元霸权的"欧洲化"举措

## （一）法国遭受金融制裁现状

近年来，借助美元的霸权地位，美国多次通过长臂管辖，对法国进行制裁。美国借助《反海外腐败法》《海外账户税收合规法》《赫尔姆斯—伯顿法》《国际紧急经济权力法》等多项法案，对其他国家实施长臂管辖——"任何在美国设有分行并营业的外国银行，美国法院都可以行使管辖权。"[①]最低限度联系原则使得只要被告在某银行开户，则该银行就会成为协助执行的第三方卷入诉讼，并必须予以配合[②]。法国巴黎银行就曾被开出天价罚单，法国银行在欧洲银行业中遭受的次级制裁尤为严重。法国的一些优势产业的企业，如核能、航天、能源等领域的企业，也曾遭到美国制裁，蒙受巨大的经济损失。美国一来是希望打击法国优势企业，使其蒙受经济损失，削弱其国际竞争力；二来是试图形成美国的全球治理规则，把法国及欧盟视为竞争对手；三来维护其霸主地位和政治影响力，因为法国在很多问题上不逢迎美国，甚至对其进行掣肘，打击法国有利于美国在博弈中处于有利地位[③]。

此外，美国还通过纽约清算所银行美元同业支付系统（CHIPS）和环球同业银行金融电信协会（SWIFT）施加影响。语言差异和庞大的交易量提高

---

①② 徐奇渊、周学智：《直面美国金融制裁威胁》，《财经》2019 年第 19 期，第 20—21 页。

③ 杨成玉：《反制美国"长臂管辖"之道——基于法国重塑经济主权的视角》，《欧洲研究》2020 年第 3 期，第 1—31 页。

了跨境支付互通信息的成本，于 1973 年在布鲁塞尔成立的 SWIFT，通过标准化的信息和远程通信网络，为全球跨境支付信息传递提供高效率、低成本的解决方案。大部分国家都要依靠 SWIFT 传送跨境支付报文。在 SWIFT 董事机构的 25 个席位中，欧洲国家占据 17 个席位，美国占据 2 个席位，所以在 2018 年特朗普单方面要求把伊朗踢出 SWIFT 系统的时候，由于这一举措并不符合与伊朗有经济利益联系的欧洲国家，尤其是法国的利益，欧洲国家和 SWIFT 一开始并不支持，但由于 CHIPS 可由美国单方决定，并且在国际支付清算体系中占据主导地位，而 SWIFT 也比较依赖于 CHIPS，最终，SWIFT 在美国的胁迫之下[①]，将伊朗踢出了 SWIFT 系统，其跨境业务报文成本大幅上升，报文困难大大增加，与 2011 年相比，伊朗与欧盟双边贸易规模下降了 85%[②]。2017～2019 年，法国对伊贸易额也逐年大幅下降[③]。对于希望 SWIFT 能继续维持对伊朗服务的欧盟来说，伊朗被踢出 SWIFT 系统也是欧盟遇到的一次挫折。

### （二）欧洲化背景下法国反对美元霸权的新手段

在布雷顿森林体系崩溃后，美元的货币权力较之前进一步得到增强，全球化也使得国际金融系统对美元和美国金融霸权更加依赖，而 2008 年金融危机的爆发，反而进一步增加了美元的价值，使美国对其他国家的经济政策更加具有影响力，美国利用在全球货币和金融体系中的核心地位，在国际上推行甚至胁迫其他国家采取有利于自己的政策。在特朗普上台之后，欧美联盟的可靠性受到严重怀疑，欧洲对外部威胁的感受更加明显，法国总统马克龙于 2017 年开始推广"主权欧洲"这个概念，欧洲经济主权问题越来越得到

---

① Leonard, Mark, Jean Pisani-Ferry, Elina Ribakova, Jeremy Shapiro and Guntram Wolff, Redefining Europe's Economic Sovereignty, *Policy Contribution*, June 2019.

② 徐奇渊：《为什么中国不可能被整体上踢出 SWIFT？》，《财经》2020 年第 16 期，第 8-9 页。

③ 根据 UN Comtrade 的数据，2017～2019 年法国对伊朗出口额分别为 1694417570 美元、1025434053 美元与 420726986 美元。

重视，其中就包括欧洲的货币和金融自主权。长期以来，欧盟在欧元国际化问题上的态度主要是"随缘"——既不鼓励、也不抵制，因为成为储备货币有利也有弊，铸币税所带来的利益是很有限的。但在 2018 年，欧盟委员会在欧元国际化问题上表现出积极态度，概述了增加欧元国际化使用的建议，欧洲央行董事会成员法国人贝努瓦·科雷（Benoît Cœuré）也强调欧元国际化会给货币政策带来好处[1]。随着欧洲一体化的深化，各个成员国的利益与发展交融得越来越深刻，单一货币政策的落实使得法美货币之争上升为欧元与美元之争。除此之外，法国还联合欧洲伙伴从多个方面加强对美元霸权的打击。

第一，在欧洲层面，推动欧盟反制裁法律建设。法国在 1968 年就出台了本国的阻断法案，随着欧洲一体化的不断深入以及在贸易和货币领域的权能让渡，法国开始借助欧盟来实现反制措施。2019 年，法国国民议会发布报告《重建法国和欧洲主权、保护我们的企业反制域外管辖的法律和措施》，建议欧盟借鉴法国国家层面的阻断法，在超国家层面强化预警和制裁，扩大对欧盟数据的保护，借助数据保护条例使得法国企业、欧洲企业可以依法拒绝向外国司法机构提供相关数据，而国外司法机构在行政或司法渠道之外获得相关数据，依法要被欧盟制裁[2]。但阻断法案的有效性也受到了质疑。20 世纪90 年代，美国试图使用《赫尔姆斯—伯顿法》对与古巴相应实体有经贸联系的欧洲企业进行制裁。根据欧盟阻断法案，只要美国索赔人在欧盟拥有财产，其财产就可以被没收以用于补偿欧盟企业的损失，这一举措在当时也收到比较明显的成效，迫使美国放弃使用长臂管辖，而 2018 年在美国对伊朗和与伊

---

① Leonard, Mark, Jean Pisani-Ferry, Elina Ribakova, Jeremy Shapiro and Guntram Wolff, Redefining Europe's Economic Sovereignty, *Policy Contribution*, June 2019.

② 杨成玉：《反制美国"长臂管辖"之道——基于法国重塑经济主权的视角》，《欧洲研究》2020 年第 3 期，第 1-31 页。

朗有经贸联系的欧洲企业的制裁中，阻断法案的执行遇到困难，欧盟找不到对应的美国企业进行反制裁，因为实施此次制裁的是美国政府，因而欧盟企业被迫陷入两难境地，一方面是美国规定，另一方面是欧盟阻断法案，如遵守一方，则会违反另一方，最终导致大量欧盟企业主动退出伊朗市场①。

第二，联合英、德两国，创建并推动 INSTEX 机制。2019 年，英、法、德三国共同创建 INSTEX 机制，旨在避免发生跨境支付结算的情况下与伊朗进行贸易。然而，若想通过这一机制撼动美国金融霸权，是十分困难的。这是由于这一机制实现的前提是欧盟与伊朗之间的贸易是平衡的，不存在顺差或逆差，只有这样，欧盟内部和伊朗内部的交易支付才能替代跨境支付。然而，迫于美国的压力，INSTEX 机制下的交易仅限于人道主义物品，如食品和药物等，在伊朗无法向欧盟出口石油的情况下，伊欧双边贸易难以实现平衡，如果欧盟想要维持 INSTEX 的运转，作为顺差方，就需要垫付资金。因此，INSTEX 更多的是释放出一种政治信号，而在短期内很难替代 CHIPS 和 SWIFT 机制。

第三，主导欧盟的气候变化政策，进一步撼动"石油—美元"体系。布雷顿森林体系结束后，美国先后与沙特阿拉伯和欧佩克组织其他成员国达成一致，把美元作为石油的计价和结算货币，确立了"石油—美元"计价机制。美元除了作为国际石油贸易的计价和结算货币外，产油国的收入盈余主要用于购买美国国债，甚至是其他美元计价的金融资产。而这一机制也成为美国维护货币霸权，施加国际影响力的重要抓手。近年来，美国一直在压制"欧元—石油"的发展。2002 年，伊拉克宣布用欧元代替美元进行石油出口的举动，为美国发动伊拉克战争埋下了伏笔，企图通过伊拉克来敲打其他中东国家，压制欧元，维护美元霸权②。

---

① 徐奇渊、周学智：《直面美国金融制裁威胁》，《财经》2019 年第 19 期，第 20-21 页。
② 张帅：《"石油美元"的历史透视与前景展望》，《国际石油经济》2017 年第 1 期，第 51-57 页。

法国早在希拉克时期，就把绿色环保提上发展日程。法国在欧盟气候变化政策中发挥主导作用，不仅是为了国家的经济利益和能源安全，而且希望借助欧盟在全球治理中发挥更大作用，占据相关领域的技术制高点和规则制高点。应对气候变化的核心是大幅减少化石能源使用，如石油、煤炭等，而更多地采用可再生能源，最终势必会对"石油—美元"体系带来冲击。

### （三）欧元：美元的替代品

目前，欧元已成为仅次于美元的第二大储蓄货币[1]。早在十多年前，欧元区的国内生产总值已达约美国国内生产总值的 80%，欧元区的国际贸易额也约为美国国际贸易额的 80%，然而，欧元还远不能成为替代美元的货币，更多的是让货币种类更加多样化，而根据欧洲央行 2012 年的数据，1999~2011 年，欧元作为国际储蓄货币的占比从 1/5 提高到 1/4，而美元占比高达 60%。[2] 目前欧元国际角色无法与美元相抗衡有以下几个原因[3]：首先，国际贸易中的货币转换是有代价的，货币的世界霸权地位具有较强的惯性，当英国贸易衰落后，美国也是在几十年后才取代英镑，成为主要国际储备货币。其次，要想取代美元，需要该经济体能够提供大量的、丰富的、流动性强的金融产品，美国的债券市场和证券交易所拥有不可比拟的优势性，而在欧洲，唯一具有可比性的金融中心就是伦敦，但是伦敦不处于欧元区内，并且英国已经退出欧盟，欧洲的金融市场的体量无法跟美国相比，在金融服务领域的一体化程度也非常有限，在出现系统性危机的时候，欧洲央行的货币政策和欧洲货币联盟内部机制的不完善，也导致无法做出快速回应，而美国具有在

---

① 史志钦：《欧元、美元与欧美关系》，《国际论坛》1999 年第 2 期，第 43-49 页。

② Defraigne, Jean-Christophe et Patricia Nouveau, *Introduction à l' Economie Européenne*, Bruxelles：de boeck，2013，p. 582.

③ Defraigne, Jean-Christophe et Patricia Nouveau, *Introduction à l' Economie Européenne*, Bruxelles：de boeck，2013，pp. 582-583.

危机时期快速介入，以稳定金融市场的政治权能。最后，金融市场对一个国家货币的信心也与这个国家的军事力量和政治力量相关，说到底，就是要看这个经济体是否具有应对外部世界的强制手段和政治影响力。欧元区尚未取得在国际货币基金组织的代表席位，导致欧洲的共同利益没有代表，各个欧元区成员国代表通常是捍卫自己国家的利益，而国家利益尚未趋同，仍然存在分歧，这就导致从总体上看，欧元区国家在该组织的代表人数虽然很多，但是影响力却有限。

目前来看，欧元的国际角色主要是由更深入与更完整的欧洲货币联盟所支撑的。欧元是否要作为国际货币可能不是一个非黑即白的问题，并不是说要么就作为国际主导货币，要么就完全非国际化，而是存在国际化程度的问题。当欧元扮演不同的角色的时候，它的国际重要性也是不同的，需要具体案例具体分析。根据 2020 年提交欧洲议会的一份报告，把欧元作为国际货币存在利与弊：它既可以减少交易和套期保值成本，还可以减少外部融资成本，包括获得国际铸币税，也被称为"嚣张的特权"，并且会带来更强的宏观政策灵活性，但是外部对货币需求的增加也会带来一些风险，国际货币地位可能会导致货币价值被高估，还可能给政策带来外部的限制，存在资本快速流进流出的风险；此外，它还可能影响央行货币政策的有效性，但是货币的国际地位会减少被外界的单边决定左右的风险，不仅可以作为一种有效的政治杠杆，甚至因为信誉的加持，可以进一步提升自身的软实力。①

然而，为了进一步加强欧元的力量，使欧元可以扮演更重要的国际角色，欧元区内部的问题亟须得到解决。欧债危机爆发后，欧盟在 2012 年成立欧洲稳定机制，开始救助希腊等受欧债危机影响比较严重的国家。欧元区有统一

① Beckmann J., S. Fiedler, K. J. Gern, J. Meyer, The International Role of the Euro: State of Play and Economic Significance, *Monetary Dialogue Papers*, June 2020.

的货币政策，但是却没有统一的财政政策，只有把财政政策联邦化，建立统一的财政政策，才能从根本上解决这一问题。2012 年，欧盟通过一项财政契约，加强成员国平衡预算的强制力。同时，建立欧洲银行业联盟，加大对银行业的监管。但是，这些措施的深度和影响力依然有限，只能起到辅助作用，不能从根本上改变欧元制度的缺陷，而对于如何进行欧元区深入改革，欧洲专家莫衷一是。经过前期的努力，欧元区从赤字变成了结构性盈余的状态，但是在欧元区国家中，只有德国和荷兰可以采取刺激性财政政策①，作为传统老牌"德国马克区"的典型代表国家，它们在欧元区内的优势依然明显。

目前，欧元区依然面临着如公共债务、失业率高等挑战。在马克龙就任法国总统后，作为典型的"亲欧派"，他提出要设立欧元区财政部长一职，并且要建立欧元区统一的预算，试图将法国主张欧洲化，并在大部分涉及欧元区改革的议题上得到了默克尔的支持，但由于法德两国经济特点不同、政策偏好不同，导致在实现目标的路径上，分歧依然存在，这些分歧与几十年前成立货币联盟时法德的分歧相比，并没有出现根本性的改变——货币的稳定依然是德国经济政策的优先考虑，法国更加关注经济增长，德国经济中自由主义和去中心化的元素明显，而法国相比德国更加强调政府的干预②。虽然从 20 世纪 70 年代末开始，法德经济出现了趋同现象，但是在金融危机的影响下，两国经济表现的差异性进一步凸显，导致两国采取不同的解决路径和政策偏好。法国的欧元区改革主张中，统一预算是重点，但是以德国为代表的西北欧成员国和以法国为代表的东南欧成员国在建立统一预算的具体问题上出现分歧，德国担心债务国会过度依赖德国的援助，最后两派达成妥协，

---

①　洪晖：《艰难推进中的"法国版"欧元区改革》，引自丁一凡：《法国发展报告（2020）》，社会科学文献出版社 2019 年版，第 113 页。

②　洪晖：《艰难推进中的"法国版"欧元区改革》，引自丁一凡：《法国发展报告（2020）》，社会科学文献出版社 2019 年版，第 116 页。

推出趋同和竞争力预算工具，但结果与马克龙最初设想的差距很大，欧洲化的程度很有限①。

此外，出现一些有利于欧元国际化的新因素。近年来，大国博弈加剧，经贸领域首当其冲，在这样的背景下，一些大型企业在进行国际贸易的时候，考虑到大国关系的不稳定性，一些传统上进行美元结算的企业不再把美元作为一类货币进行结算，而是把欧元放到一类货币中，优先考虑以欧元进行结算。2020年，SWIFT国际支付结算系统里第二次出现欧元占比金额超过美元，上一次反超还是在2013年。2020年出现的这次反超，与部分大国双边经贸关系紧张，导致欧元得利不无关系。

## 小　结

### （一）欧洲化的出发点

在追求"独立与伟大"的外交思想影响下，法国不愿屈从于美国的国际货币权力与经济渗透，与美国开展货币之争。通过与美国的货币之争，从经济上说，法国试图在货币、经济上获得独立，希望打破这种它认为对自己贸易竞争不利的货币体系，重回更加有利于法国贸易竞争的金本位设计，从政治上说，这种行为不仅是具有独立性质的重大举措，而且有助于实现法国的外交战略目标。

---

① 洪晖：《艰难推进中的"法国版"欧元区改革》，引自丁一凡：《法国发展报告（2020）》，社会科学文献出版社2019年版，第111-119页。

法国推动法美货币之争欧洲化的出发点，是因为自身实力不足，而联合欧洲力量可以更有力地挑战美元霸权地位，更有效地服务于法国对外战略，更利于实现对国家利益的追逐。20 世纪 60 年代，法国试图联合联邦德国，以带动西欧国家一同抗击美元霸权，试图放大自身的对外政策偏好，但是由于德国与美国之间形成了"货币换安全"的模式，法国的欧洲化努力以失败告终。通过积极推动欧洲货币一体化，法国试图借助欧洲"货币极"的力量，与美国开展货币之争，实现对外政策偏好的欧洲化。在这一过程中，法国面临着被动欧洲化的压力，不仅在单一货币体系的设计上与实施的时间节点等问题上与德国相互妥协，还在宏观经济政策上向德国趋同，但最终目的是为了实现自身对外政策目标的主动欧洲化。

### （二）欧洲化的路径

20 世纪 60 年代法国与美国在货币问题上展开直接对抗时，法国试图通过"输出"的欧洲化路径，联合联邦德国一同抗击美元霸权，但结果以失败告终。通过建设欧洲货币一体化，法国希望借助欧洲的"货币极"实现迂回对抗美元霸权的目标。在这一过程中，法国不断借助"输出"的欧洲化路径，意图实现自身对外政策偏好的主动欧洲化，但是在欧洲化目标的实现过程中，却面临着其他成员国通过"输入"路径带来的被动欧洲化的适应性压力。最终，法国政策偏好的欧洲化得以实现，是通过成员国之间的相互作用，在法国与德国之间形成妥协，并进一步"上传"到欧洲层面。在建设欧洲单一货币的过程中，法国在单一货币的具体设计上，欧洲央行的独立性上，政治联盟与货币联盟一同展开建设等问题上，均作出了妥协。这再次印证了上一案例中提出的欧洲化新路径——"妥协后上传"（见图 4-2）。

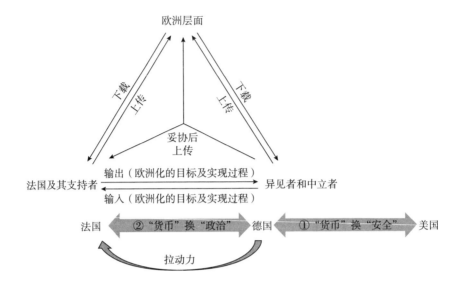

**图4-2　法国与美国货币之争的欧洲化路径**

为了实现自身的政策目标，法国还通过"下载"和"输入"路径的被动欧洲化，在宏观经济政策上与德国逐渐实现趋同。在应对20世纪70年代的结构性危机导致的经济增长缓慢问题上，成员国采取了近乎相反的宏观经济政策，法国、意大利等国采取的是扩张预算政策，而德国、荷兰等国采取的是紧缩的货币政策。为给建立货币联盟做准备，以法国为代表的南方国家开始向德国的宏观经济模式靠拢，采取削减公共赤字、着力控制通胀等措施，以期实现与德国宏观经济模式的趋同，这是一种"输入"路径的欧洲化。这种宏观经济指标的趋同，不仅是欧洲货币体系的要求，也是《马斯特里赫特条约》中加入货币联盟的条件，因此，这也是一种"下载"路径的欧洲化，是在欧洲一体化的制度框架内实现的。

此外，在欧洲货币一体化机制形成之前，法国于1971年成功联合西欧国家迫使美元贬值，再次印证了没有"欧盟"的欧洲化，但这种欧洲化的出现，是在其他领域的欧洲一体化建设发展到一定阶段才实现的。

### （三）影响欧洲化的因素

欧洲化能否成功，同样是内外因素共同作用的结果。首先，从法国因素来看，一方面，取决于法国对自身政策偏好欧洲化的推动。法国抓住了历史机遇，在两德统一的关键节点上，通过与德国形成"利益交换"，促成了欧洲单一货币体系建设。另一方面，为了实现欧洲化的目标，法国也在推动欧洲化的过程中，不断改变、调整、修订自己实现欧洲化的方式方法，与其他成员国形成兼容，以期将这种兼容的政策偏好上传到欧洲层面。

其次，欧洲化的成败还取决于欧洲因素。法国与美国的货币之争能否最终成为欧美货币之争，并使得法国"货币极"的愿望得以实现，关键在于德国的态度。法国在 20 世纪 60 年代挑战美元霸权时，就希望联合联邦德国一同抗美，以拉拢带动其他西欧国家。由于美国资本大量流入西欧，在德意志银行和联邦银行中也出现了希望加强法德协调、对抗美元的声音，但是由于联邦德国处于冷战的前沿阵地，考虑到安全防务问题上对美国的依赖，最终形成了"货币换安全"的模式，德国的态度也影响到了其他国家。在两德统一的谈判过程中，联邦德国经济学家对单一货币持谨慎态度，更倾向维持欧洲货币体系，而德国外长根舍与总理科尔对货币联盟表示赞同，因为两德统一需要法国的支持，实际上形成了"货币换政治"的模式。在单一货币体系的具体实现上，法国也与德国展开相互妥协，并一同推动妥协后的主张"上传"到欧洲层面。

在改变德国立场的问题上，其他成员国与欧洲层面也一同起到了助推力的作用。20 世纪 80 年代，法国得到了其他成员国的支持，连本属于"马克区"国家的荷兰、比利时也认为德国的政策僵化，需要改革当前货币机制，避免被一国主导。在欧洲层面，德洛尔发挥了重要作用，推动了在两德统一时期法德谈判的达成。

此外，美国因素与国际形势也是重要的外部因素。它们不仅是 20 世纪 60 年代德国放弃与法国协调的重要原因，也在 70 年代德国改变政策立场中起到推动作用。德国对于法国提出的货币一体化态度审慎，主要是担心自己的利益受损，如再次引发恶性通胀或者为其他成员国不负责任的行为买单。但是 20 世纪 70 年代爆发石油危机，导致美元贬值，货币投机行为加剧，德国马克被迫浮动升值，欧洲货币市场出现动荡。此外，美国缺乏与其他大经济体在货币政策上协调的意愿，在货币政策上的单边行动给欧洲货币稳定带来很大影响。尤其是随着牙买加体系的建立，浮动汇率制下美国的单边政策在德国和其他成员国看来是极其不稳定的，是有损欧共体利益的，也给 1979 年法德共同提出的建立欧洲货币体系带上了较强的政治色彩。

最后，欧洲一体化的溢出效应可以给欧洲化带来重要的拉动力。欧洲一体化的溢出效应要求在货币问题上必须要取得协调，促使法美货币之争欧洲化关键一步的实现。汇率波动阻碍了欧共体共同市场的良好运行，阻碍了共同农业政策等与预算和金融交易相关的欧洲政策的运行。此外，欧洲货币系统的不稳定，还会反噬已经建立起来的欧洲贸易联系。所以欧洲货币的协调合作在某种程度上来说，是欧洲一体化溢出效应带来的必然，给法美货币之争欧洲化起到了极大的助推作用。

### （四）欧洲化的结果

随着法国与美国货币之争成功的欧洲化，目前法国不仅可以借助欧元本身不断增强的国际地位，对美元霸权形成挑战，还可以借助欧洲一体化的发展成果，使用其他工具加强与美元对抗的实力。通过借助法律工具，在欧盟层面出台阻断法案，可以形成一种具有强制力的反制裁措施；通过与其他成员国合作，推动发展自身的结算机制，尽可能避开 SWIFT 和 CHIPS 的影响；通过借助欧盟的气候外交，大幅减少化石能源使用，更多地采用可再生能源，加强对"石油—美元"体系带来冲击。然而，从目前来看，这些工具在有效性上仍存在局限，更多的是在释放一种政治信号。

欧洲化带给法国的影响有利有弊。在法国为了实现政策偏好的欧洲化，宏观经济政策向德国趋同的同时，也逐渐从 20 世纪 70 年代和 80 年代错误的经济政策中恢复过来，符合当时稳定货币体系和经济发展的需要。法国影响下的欧洲货币联盟，在法国内部被视为加强法国影响、欧洲影响和全球影响的重要途径。然而，货币联盟使法国不能再使用"贬值"等货币政策手段调控宏观经济，而德国的治理模式在欧元区得以体现，德国工业竞争优势被放大，在欧元发行若干年之后，法国相对于德国的经济劣势变得更加明显，法德轴心的实力对比更向德国倾斜。

虽然法国借助欧洲一体化实现了"货币极"的愿望，欧元的实力越来越壮大，已经成为第二大储蓄货币，促使国际货币体系朝着多中心方向发展，但是欧元还远未能挑战美元的主导地位，欧元区内部的根源问题仍未解决，法国在欧元区的改革措施需要获得德国的支持，而法国在欧盟层面推行的反制美元霸权行为的成效有限。特朗普执政时期，欧洲对美欧联盟的可靠性产生严重怀疑，法国在近年来多次强调"欧洲主权"，欧盟也在进一步加强欧洲的货币和金融自主权，以期维护欧洲的经济主权。

# 第五章　法国对外政策欧洲化的
# 理论启示、特点与展望

## 一、关于"欧洲化"概念

　　"欧洲化"是一种民族国家受到一体化约束条件下的新现象。它既非传统的现实主义，从形式到内容都发生了变化；也不是功能主义的方式，虽然采取了不同功能领域不同方式的解决问题方法；也不是建构主义翻版，因为更具内部协调规范路径。

　　在既有的欧洲化研究方法之上，本书搭建出水平与垂直互动的欧洲化研究框架——将发起者、支持者、中立者、反对者、欧洲层面作为欧洲化过程中的行为体，观察他们之间的互动。通过上文对一些个案的研究，可以发现欧洲化的互动机制是极其复杂的，但是欧洲化的路径却体现出一定的规范性与协调性，有"输入""输出""上传""下载""妥协后上传"五种路径。

在水平欧洲化层面上，成员国之间通过"输入""输出"两种路径，试图影响其他成员国的对外政策，或被其他成员国的对外政策所影响。在垂直欧洲化中，成员国试图将自身对外政策偏好或理念"上传"到欧洲层面，使国家意志成为欧洲意志，同时，成员国也受到来自欧洲层面通过"下载"路径带来的适应性压力。借助水平与垂直互动的欧洲化研究框架，本书发现在欧洲化的过程中，存在"妥协后上传"的路径——当成员国无法通过"输出"和"上传"路径实现直接将自身政策偏好欧洲化时，可以通过与"异见者"和"中立者"进行协商或谈判，彼此妥协后，将双方的政策偏好进行兼容，继而上传到欧洲层面。

在某一个欧洲化现象中，出现的欧洲化路径可能不止一种，而是多种欧洲化路径的组合与相互作用。一方面，在欧洲一体化发展到一定程度的情况下，可以实现水平欧洲化和垂直欧洲化的相互作用，成员国甚至可以同时采取"输出"和"上传"路径，加强自己对外政策偏好的欧洲化程度。另一方面，总体上看，欧洲化进程体现出主动欧洲化与被动欧洲化的相互作用。主动欧洲化反映着国家在对外政策领域的投射与影响能力，实现路径包括"输出""上传"等路径；被动欧洲化强调的是成员国自身的政策偏好在外界影响下发生改变，实现路径包括"输入""下载"等路径；在"妥协后上传"的路径中，成员国为了实现自身的政策偏好主动欧洲化，不得不在协商和谈判中部分地接受被动欧洲化，是一种以主动欧洲化为主，被动欧洲化为辅的路径。

欧洲化与欧洲一体化相互联系、相互区别，又相互作用。欧洲化可能有条件地出现在欧洲一体化之前，欧洲一体化可能作为欧洲化过程中的重要步骤同时出现，欧洲化还可能出现在欧洲一体化形成之后。欧洲化可能有条件地出现在欧洲一体化之前，指的是没有"欧盟"的欧洲化。从民族国家到超国家的发展是具有溢出效应的——以经济领域为起点与核心逐渐外溢，没有"欧盟"的欧洲化的实现背景，是在其他领域的欧洲一体化建设发展到一定阶段才实现的。欧洲一体化可能作为欧洲化过程中的重要步骤同时出现，指的是欧洲一体化可以成为实现欧洲化的一种重要手段，通过借助欧洲一体化的深化发展，可以对达成欧洲化目标起到促进和加强的作用。欧洲化还可能出现在欧洲一体化形成之后，这种情况下的欧洲化需要在欧盟的制度框架内实现。

# 二、法国对外政策欧洲化的特点

本书通过对一些个案的研究，认为法国对外政策欧洲化的出发点是国家利益，实现路径有"输入""输出""上传""下载""妥协后上传"五种路径，很多时候，法国对外政策欧洲化的过程体现了多种欧洲化路径的组合与相互作用。法国对外政策欧洲化表现出如下特点：

首先，在法国的对外政策中，民族国家外交特点与欧洲化特点并存，但在欧洲化的影响下，出现民族国家外交特点弱化，"欧洲"特点加强的趋势。"二战"后，法国试图借助欧洲的力量重返世界一流大国，希望借助欧洲发挥更大影响力的同时，不得不接受部分权能从成员国层面向欧洲层面让渡。即便是在民族国家的核心外交领域，法国为了实现自己的战略目标，不再仅仅依靠民族国家的单一手段。一方面，法国试图塑造欧洲，将欧洲一体化建设作为实现自身对外政策目标的手段和工具，并借助欧洲来放大、增强自己的对外政策偏好。法国希望通过建设欧洲自主防务，摆脱美国对欧洲防务的主导地位，主张联合德国推动欧洲货币一体化建设，将法美货币之争转为欧美货币之争。

另一方面，法国也面临着来自其他成员国和欧洲层面带来的适应性压力，这种适应性压力可能表现为区别于法国的另一种政策偏好，也可能表现为来自欧洲层面、由欧洲层面制度框架所决定的规则或规范。从政策偏好上来说，法国在彻底实现欧洲自主防务问题上困难重重，考虑到付出与回报，不得不改变原有路径，选择与其他大多数成员国一样，最终重返北约军事一体化组织。为了实现法美货币之争的欧洲化，法国在宏观经济政策上和推进货币一体化的过程中，多次出现向德国宏观经济政策靠拢，以及与德国协商、妥协的迹象。从欧洲层面的规则或规范来看，这些规则或规范是否具有法律强制力，是决定适应性压力大小的重要因素。

此外，随着欧洲一体化的深化发展，法国的国家利益与欧洲的利益越来越紧密地交融，在一些问题上，利益趋同的迹象会在某种程度上降低法国进一步推动自身政策偏好欧洲化的难度。从本书的案例研究中可以发现，无论是在哪一个问题领域，从总体趋势上看，法国与其他成员国较冷战初期，出现立场分歧缓和、利益趋同的迹象。法国对外政策的欧洲化路径逐渐从水平层面扩展到垂直层面，欧洲化方式从借助机制发展到理念推广，实现了欧洲化在广度与深度的扩大。

其次，在法国的对外政策中，出现主动欧洲化与被动欧洲化并存，但是主动欧洲化多于被动欧洲化的现象。在法国的对外政策中存在超国家性质较强的领域，也存在政府间主义较强的领域，虽然这些领域都在逐渐向超国家主义发展，但是即便是在超国家主义最强的经贸货币领域，在对外政策中仍能发现政府间主义的元素。然而，成员国在欧洲化问题上的塑造能力和适应能力是不同的，法国在其对外政策欧洲化的过程中既有主导的一面，也有服从的一面，存在主动欧洲化和被动欧洲化并存的现象。从经济体量上看，法国是欧盟内重要的经济体，同时又是核大国和安理会常任理事国，在欧盟内具有重要的政治地位。通过在一些议题上发挥领导作用，法国将自身的政策偏好上传到欧洲层面，用法国的政策偏好来引领欧洲的方向。法国这样重要的成员国，在对外政策欧洲化的进程中具有较强的影响、塑造能力，持续发挥着举足轻重的作用，这就导致法国在对外政策中对欧洲化现象的主动塑造能力高于被动接受能力。因而，法国对外政策的欧洲化于法国而言有利有弊，但是利大于弊。

法国通过对外政策的欧洲化，大大增强了它正在衰落的世界影响力。法国可以把欧盟作为实现自己政策偏好的倍增器，不仅是通过共同战略、共同立场、联合行动，实现成员国声音与影响力的叠加，更是在自身政策偏好欧洲化之后，借助欧洲一体化的发展成果，运用欧盟的对外政策工具来发挥更大的影响，如借助欧盟的货币力量、绿色力量等，进一步强化自身政策偏好在国际舞台的影响力。此外，法国通过欧洲化使得对外政策获得了更强的灵活性。法国的对外政策可以从双边层面、多边层面、超国家层面多层面展开，给法国带来更大的活动空间，有时甚至可以通过将自身政策偏好欧洲化，把欧盟作为挡箭牌，以尽可能规避对自身的不利影响。然而，法国有时无法完全实现自己的政策主张，除了妥协之外，甚至不得不改变自身的其他政策，以获得与"异见者"和"中立者"的兼容。有时为了实现自身政策主张的欧洲化，要先面临来自其他成员国或欧洲层面带来的适应性压力。有时欧洲化虽然实现了，但是却使法国逐步丧失在这一领域的绝对主导权，法德轴心的实力对比更向德国倾斜。

最后，在法国的对外政策中，欧洲化现象在不同的问题领域，有不同的体现与不同的程度，这就要求对不同的问题领域展开分析。在超国家程度最高的经贸货币领域，法国积极推动欧洲单一货币体系建设，通过"货币换政治"的方式，迫使德国在关键时刻改变原有立场，使得法国想成为"货币极"，并将法美货币之争转变为欧美货币之争的愿望得到了较高程度的实现，是一种成功的欧洲化。防务领域是民族国家的核心，法国试图摆脱美国的"控制"，通过退出北约军事一体化组织、主导欧洲防务一体化建设等举措，将建设欧洲自主防务的政策偏好欧洲化，但面临着北约在这一问题上的掣肘，实现目标的过程中困难重重，考虑到付出与回报，法国甚至被迫改变了实现自身政策偏好的路径，是一种有限的欧洲化。

欧洲化程度之所以不同，源于受到内外多种因素的共同作用与影响。从法国自身来说，一方面是对政策偏好在机制建设上和理念传播上的推动（积极意义），另一方面取决于法国在多大程度上愿意改变、调整、修订自己原有的政策偏好，与"异见者"和"中立者"的政策偏好形成兼容（消极意义）。从成员国因素来说，德国的身份立场通常是十分重要的，在同一问题上，其立场有时会出现转变；相关领域的关键成员国立场比其他成员国更重要，如在法美货币之争上，主要取决于德国的态度和政策，又如在英国脱欧之前，法国与北约防务分歧问题上，在这一领域更具有"比较优势"的英国的立场，比德国的立场更加重要；"异见者"在欧洲化中的立场转变比"中立者"更重要，如法国在防务问题上坚持欧洲主义时，大西洋主义国家立场的转变更为重要。从一体化因素来说，一体化的溢出效应有可能成为欧洲化的催化剂。经贸领域是欧洲一体化的核心领域，所带来的溢出效应最强，给法美货币之争的欧洲化带来巨大的拉动力，因为如果不在货币问题上实现欧洲协调，如果不进行欧洲货币一体化建设，甚至会对原有的欧洲一体化成果造成反噬。在离经贸核心领域较远的防务领域，这种由核心的超国家模式迸发出的溢出效应影响较弱，成员国有强大的、传统的大西洋替代选择，会对欧洲化进程形成一种牵制与掣肘。从美国因素和国际形势变化来说，当美国单边主义行动色彩更强，欧美摩擦加剧，美国的安全承诺可能无法兑现的时候，法国在试图借助欧洲的力量实现独立于北约的欧洲防务，并打击美元霸权地位的欧洲化行动中，所面临的阻力变小；当外部威胁加剧，成员国需要美国的保护的时候，法国面临的阻力更大。冷战的结束或多或少改变了德国传统的防务安全观，美元霸权刺激了欧元国际化和欧洲建设经济主权的决心，在大国博弈日益加剧的背景下，借着欧洲可能被边缘化的论调，提出建设"欧洲主权"，更加能得到欧洲共识。

# 三、法国对外政策欧洲化的前景

法国在对外政策领域越来越重视欧洲的作用。马克龙曾明确指出，在恐怖主义、气候变化、移民和数字革命等问题上，在面临大国强大经济攻势的背景下，所有的应对措施都必须欧洲化，上升到欧盟层面，重视借助欧洲的力量在国际舞台发挥更大影响力，认为只有在欧洲层面，才能与大国进行有效谈判，才能与大国抗衡①。马克龙在成员国层面和欧洲层面大力推广"欧洲主权"的概念，强调欧洲对外的经济主权、防务主权、技术主权、数据主权，等等，以此来回应欧盟面对的内外挑战。通过在全球治理问题上发挥作用，法国期待进一步促进强有力的欧洲立场的出现。马克龙将捍卫《巴黎气候协定》作为法国对外政策的一个中心，认为环保是法国的政治重心，也将

---

① ［法］埃马纽埃尔·马克龙：《变革》，罗小鹏译，四川人民出版社 2018 年版，第 199、205、212 页。

是欧盟的政治重心，呼吁欧盟在实现碳中和问题上采取一致行动，强调法国和欧盟在这一问题上的领军作用，并重视与德国展开合作，以期在规则制定中占据主导地位，从而提升在全球范围内的领导力①。

未来，法国很可能会进一步加强推动其对外政策的欧洲化，把法国意志上升为欧洲意志，以发挥更大作用。首先，欧洲内部环境发生变化，给法国推动其对外政策欧洲化带来有利的历史机遇。自金融危机爆发以来，欧洲就进入了"危机时代"，国家层面的改革不足以应对欧洲面临的诸多挑战，很多问题必须上升到欧盟层面解决。然而，在欧盟经历过英国脱欧之后，欧盟的另一个核心成员国——德国也迎来后默克尔时代，新的德国领导人朔尔茨需要时间在欧盟内重新建立起强有力的政治形象。这给法国领导欧洲带来更大的空间和机遇，使法国可以在欧盟扮演更加重要的角色，更有利于法国将自身的政策偏好欧洲化，在欧盟对外政策上发挥更强的塑造力和影响力。马克龙连任后，很可能从本质上难以改变独立自主的外交政策，利用英国脱欧和德国后默克尔时代的有利时局，马克龙可以加速推进其政策偏好欧洲化的进程。

其次，现任法国总统马克龙的外交政策，延续了借助欧洲加持法国大国地位影响力的传统，甚至比前任更重视欧洲的作用，更强调法国在欧盟的领导力。他曾公开表示，为了重新掌握法国的命运，法国需要欧洲，并认为应与德国、意大利等其他国家一道，在法国的牵头下振兴欧洲、重建欧盟②。欧盟机构领导人对马克龙对欧盟的支持表示赞赏，并对法国的一些理念保持

① Communiqué - Sommet des hautes ambitions climatiques, Elysée: https://www.elysee.fr/em-manuel-macron/2020/12/13/communique-sommet-des-hautes-ambitions-climatiques, 2021 年 6 月 6 日访问; Salinger, David, Macron-Environment, RAIA Group: https://raiagroup.org/macron-environment-2, 2021 年 6 月 6 日访问; [法] 埃马纽埃尔·马克龙:《变革》，罗小鹏译，四川人民出版社 2018 年版，第 94 页。

② [法] 埃马纽埃尔·马克龙:《变革》，罗小鹏译，四川人民出版社 2018 年版，第 212 页。

开放态度，不仅一些欧盟机构的重要职位由法国人担任，如欧洲央行行长拉加德、欧盟委员会内部市场委员布雷顿、欧盟委员会竞争总司司长格尔森特等都是法国人，并且法国在欧洲议会的影响力也变得越来越大，这也更有利于法国借助"上传"路径实现对外政策偏好的欧洲化①。2022 年上半年，法国迎来自《里斯本条约》实施后首次担任欧盟轮值主席国的重要历史机遇，法国在轮值主席国任期内，致力于推动在欧洲层面的一致行动来解决周边危机、多边主义危机、气候危机等，并推动在数字领域、气候领域等的司法工作来实现法国的政治目标②。

最后，国际形势的发展变化，给法国对外政策欧洲化带来了发挥的余地与空间。法国在冷战期间奉行的"独立"外交政策，使其游离在两大阵营之外，不仅获得了一定的经济利益，还使法国在国际事务中，成为平衡和协调各种力量的衔接点，极大地提高了法国的国际地位。在大国博弈日益加剧的背景下，法国总统强调欧洲的战略自主与欧洲主权，这一立场给法国和欧盟的对外政策带来更大的发挥空间和更灵活的选择，虽然这一空间和灵活性仍受到欧洲安全防务受制于北约的限制。通过借助欧洲的力量，法国可以在国际事务和全球治理中发挥更大的影响力。

① Grant, Charles, Macron's Europe, Centre for European Reform：https：//www. cer. org. uk/sites/default/files/bulletin_138_article1_CG. pdf，2021 年 6 月 6 日访问。

② France outlines plans for EU presidency in 2022, Ambafrance：https：//uk. ambafrance. org/France-outlines-plans-for-EU-presidency-in-2022，2021 年 6 月 6 日访问。

# 参考文献

一、中文参考文献

（一）专著

［1］蔡方柏：《从戴高乐到萨科齐》，上海辞书出版社 2007 年版。

［2］蔡方柏：《我同法国六位总统的零距离接触》，中信出版社 2015年版。

［3］陈会颖：《外交的文化阐释法国卷》，知识产权出版社 2012 年版。

［4］陈乐民：《战后西欧国际关系（1945-1984）》（附《东欧剧变与欧洲重建（1989-1990）》），生活·读书·新知三联书店 2014 年版。

［5］陈乐民：《20 世纪的欧洲》，东方出版社 2020 年版。

［6］陈玉刚：《国家与超国家——欧洲一体化理论比较研究》，上海人民出版社 2001 年版。

［7］陈志敏、［比］古斯塔夫·盖拉茨：《欧洲联盟对外政策一体化：不可能的使命》，时事出版社 2003 年版。

［8］崔建树、李金祥：《法国政治发展与对外政策》，世界知识出版社2009 年版。

[9] 房乐宪：《欧洲政治一体化：理论与实践》，中国人民大学出版社2009年版。

[10] 孔凡伟：《欧盟与北约：一种组织间关系的分析视角》，南开大学出版社2018年版。

[11] 雷建锋：《欧盟多层治理与政策》，世界知识出版社2011年版。

[12] 李谧、方友忠、陈会颖：《世界大国（地区）文化外交法国卷》，世界知识出版社2013年版。

[13] 李鹏：《李鹏外事日记》，新华出版社2008年版。

[14] 李卓：《欧洲货币一体化的理论与实践》，武汉大学出版社2005年版。

[15] 刘文秀：《欧盟的超国家治理》，社会科学文献出版社2009年版。

[16] 倪世雄：《当代西方国际关系理论》，复旦大学出版社2018年版。

[17] 浦山：《浦山集》，中国社会科学出版社2006年版。

[18] 秦亚青：《权力·制度·文化——国际关系理论与方法研究文集》，北京大学出版社2016年版。

[19] 吴国庆：《战后法国政治史》（第二版），社会科学文献出版社2004年版。

[20] 吴建民：《外交案例》，中国人民大学出版社2007年版。

[21] 熊炜：《统一以后的德国外交政策（1990-2004）》，世界知识出版社2008年版。

[22] 张锡昌、周剑卿：《战后法国外交史（1944-1992）》，世界知识出版社1993年版。

[23] 朱明权：《欧盟共同外交和安全政策与欧美协调》，文汇出版社2002年版。

（二）编著

［1］丁一凡：《法国发展报告（2019）》，社会科学文献出版社 2019 年版。

［2］丁一凡：《法国发展报告（2020）》，社会科学文献出版社 2020 年版。

［3］李慎明、刘国平、王立强：《马克思主义国际问题基本原理》，社会科学文献出版社 2008 年版。

［4］宋新宁、张小劲：《走向二十一世纪的中国与欧洲》，香港社会科学出版社 1997 年版。

［5］孙学峰、阎学通：《国际关系研究实用方法案例选编》，人民出版社 2010 年版。

［6］周弘：《欧盟是怎样的力量——兼论欧洲一体化对世界多极化的影响》，社会科学文献出版社 2008 年版。

［7］周弘：《认识变化中的欧洲》，社会科学文献出版社 2013 年版。

［8］周弘、［德］贝娅特·科勒-科赫：《欧洲治理模式》，社会科学文献出版社 2008 年版。

［9］郑秉文、马胜利：《走近法兰西》，《中国社会科学出版社》2005 年版。

［10］周琪、王国明：《战后西欧四大国外交（英、法、西德、意大利）1945 年—1980 年》，中国人民公安大学出版社 1992 年版。

（三）译著

［1］［比］斯蒂芬·柯克莱勒，汤姆·德尔鲁：《欧盟外交政策》，上海人民出版社 2017 年版。

［2］［德］贝娅特·科勒-科赫、托马斯·康策尔曼、米歇乐·克诺特：

《欧洲一体化与欧盟治理》，顾俊礼、潘琪昌、周弘、刘立群、张浚、杨解朴译，中国社会科学出版社 2004 年版。

〔3〕〔德〕康拉德·阿登纳：《阿登纳回忆录》（第 1—4 卷），杨国寿、孙秀民、马仁惠、潘再平等译，上海人民出版社 2018 年版。

〔4〕〔德〕乌尔里希·克罗茨、约阿希姆·希尔德：《锻塑欧洲——法国、德国和从〈爱丽舍宫条约〉到 21 世纪政治的嵌入式双边主义》，赵纪周译，赵晨校，中国社会科学出版社 2020 年版。

〔5〕〔法〕阿尔弗雷德·格鲁塞：《法国对外政策 1944-1984》，陆伯源、穆文等译，世界知识出版社 1989 年版。

〔6〕〔法〕埃马纽埃尔·马克龙：《变革》，罗小鹏译，四川人民出版社 2018 年版。

〔7〕〔法〕奥利维耶·科斯塔、娜塔莉·布拉克：《欧盟是怎么运作的》，潘革平译，社会科学文献出版社 2016 年版。

〔8〕〔法〕法布里斯·拉哈：《欧洲一体化史 1945-2004》，彭姝祎、陈志瑞译，王立强、刘绯校，中国社会科学出版社 2005 年版。

〔9〕〔法〕菲利普·罗杰：《美利坚敌人——法国反美主义的来龙去脉》，新华出版社 2004 年版。

〔10〕〔法〕富朗索瓦·奥朗德：《权力的教训》，夏霁、张伟、姜建华译，中信出版集团 2019 年版。

〔11〕〔法〕富朗索瓦·密特朗：《被死神打断的回忆——密特朗回忆录》，曾令保译，中国书籍出版社 1998 年版。

〔12〕〔法〕吉斯卡尔·德斯坦：《德斯坦回忆录——政权与人生》，侯贵信译，世界知识出版社 1991 年版。

〔13〕〔法〕让—巴蒂斯特·迪罗塞尔：《外交史 1919-1984 年》，上海

译文出版社 1992 年版。

[14]［法］让—弗朗索瓦·艾克:《战后法国经济简史》,杨成玉译,中国社会科学出版社 2020 年版。

[15]［法］夏尔·戴高乐:《希望回忆录》,《希望回忆录》翻译组译,中国人民大学出版社 2005 年版。

[16]［法］夏尔·戴高乐:《战争回忆录》(第 1—3 卷),陈焕章译,中国人民大学出版社 2015 年版。

[17]［法］雅克·希拉克:《希拉克回忆录》,李旦译,译林出版社 2010 年版。

[18]［美］巴里·艾肯格林、［法］阿尔诺·梅尔、［罗马尼亚］利维娅·齐图:《货币变局:洞悉国际强势货币交替》,符荆捷译,机械工业出版社 2019 年版。

[19]［美］弗朗西斯·加文:《黄金、美元与权力——国际货币关系的政治(1958-1971)》,严荣译,社会科学文献出版社 2016 年版。

[20]［美］W. F. 汉里德、G. P. 奥顿:《西德、法国和英国的外交政策》,商务印书馆 1989 年版。

[21]［美］詹姆斯·多尔蒂、小罗伯特·普法尔茨格拉夫:《争论中的国际关系理论》,阎学通、陈寒溪等译,世界知识出版社 2003 年版。

[22]［英］戴维·马什:《欧元的故事——一个新全球货币的激荡岁月》,向松祚、宋珊珊译,机械工业出版社 2011 年版。

[23]戴炳然译:《欧洲共同体条约集》,复旦大学出版社 1993 年版。

[24]国际关系研究所编译:《戴高乐言论集(1958 年 5 月—1964 年 1 月)》,世界知识出版社 1965 年版。

[25]王义桅等:《北约是什么——北约重要历史文献选编之一》,世界

知识出版社 2013 年版。

（四）期刊论文

［1］陈佳骏：《法国核能外交：历史、特点与启示》，《法国研究》2016年第 3 期，第 1-11 页。

［2］陈平、管清友：《大国博弈的货币层面——20 世纪 60 年代法美货币对抗及其历史启示》，《世界经济与政治》2011 年第 4 期，第 25-47 页。

［3］陈宇、张新平：《马克思恩格斯国际关系思想研究综述》，《当代世界与社会主义》2017 年第 1 期，第 193-200 页。

［4］陈玉刚：《欧洲制宪与欧洲一体化：国际关系的解读》，《欧洲》2002 年第 5 期，第 12-22 页。

［5］陈玉刚：《欧洲一体化的历史与观念》，《史学月刊》2005 年第 6期，第 22-23 页。

［6］陈志敏、张敬林：《欧盟对外政策一体化：结构现实主义与政府间主义的视角》，《欧洲一体化研究》2003 年第 1 期，第 8-16 页。

［7］戴炳然：《对欧洲一体化历史进程的再认识——以马克思主义哲学为方法论的一些思考》，《欧洲研究》2017 年第 1 期，第 70-79 页。

［8］丁纯、张铭心、杨嘉威：《"多速欧洲"的政治经济学分析——基于欧盟成员国发展趋同性的实证分析》，《欧洲研究》2017 年第 4 期，第 1-17 页。

［9］范静：《"黄马甲"运动及其对法国内政外交政策的影响——基于"欧洲化双向运动"视角》，《法国研究》2019 年第 3 期，第 26-36 页。

［10］房乐宪：《新功能主义理论与欧洲一体化》，《欧洲》2001 年第 1期，第 13-20 页。

［11］房乐宪、殷佳章：《欧盟的战略自主追求及其国际含义》，《现代国

际关系》2020 年第 11 期，第 57-63 页。

［12］冯存万：《法国气候外交政策与实践评析》，《国际论坛》2014 年第 2 期，第 57-62 页。

［13］冯存万：《法国与欧洲对外关系一体化：战略观、政策与局限性》，《国际论坛》2010 年第 6 期，第 19-23 页。

［14］冯健武：《密特朗对外政策初析》，《国际问题研究》1986 年第 4 期，第 41-44 页。

［15］高奇琦：《西方马克思主义视阈下的欧洲一体化》，《国际政治研究》2013 年第 1 期，第 156-174 页。

［16］古莉亚：《"欧洲化"：欧盟研究的一个新视角》，《现代国际关系》2007 年第 9 期，第 59-62 页。

［17］贺刚：《欧洲化的研究路径：反思与重构》，《国际关系研究》2017 年第 5 期，第 20-33 页。

［18］何奇松：《欧盟防务一体化的最初尝试——欧洲防务共同体》，《军事历史研究》2006 年第 4 期，第 105-113 页。

［19］惠一鸣：《从舒曼计划引起的争论谈起》，《世界历史》2000 年第 6 期，第 87-94 页。

［20］季寅：《新旧格局转换中的法国外交》，《世界知识》1992 年第 17 期，第 9-11 页。

［21］贾文华：《从资本逻辑到生产逻辑——西方马克思主义关于欧洲一体化的理论解释》，《世界经济与政治》2009 年第 7 期，第 44-51 页。

［22］金玲：《"主权欧洲"：欧盟向"硬实力"转型?》，《国际问题研究》2020 年第 1 期，第 67-88 页。

［23］李明明：《"欧洲化"概念探析》，《欧洲研究》2008 年第 3 期，第

18-31 页。

〔24〕李泽生：《国家投射欧洲化——一种独立的研究视角》，《世界经济与政治论坛》2015 年第 4 期，第 46-56 页。

〔25〕李政鸿、曾怡仁：《马克思主义视角下的欧洲一体化》，《世界经济与政治》2011 年第 11 期，第 77-98 页。

〔26〕刘得手：《法美分歧原因的历史考察》，《欧洲研究》2004 年第 6 期，第 19-31 页。

〔27〕刘宏松、万天葳：《欧盟成员国外交政策欧洲化的因果机制》，《世界经济与政治》2015 年第 5 期，第 79-99 页。

〔28〕刘文秀、龚子方：《欧盟共同外交与安全政策制约因素探析》，《国际问题研究》2005 年第 1 期，第 46-50 页。

〔29〕梁晓君：《抉择，在大西洋主义和欧洲主义之间——英国与战后欧洲安全和防务建设》，《国际论坛》2005 年第 5 期，第 1-5 页。

〔30〕陆明珠：《密特朗政府的内政外交动向》，《瞭望》1981 年第 5 期，第 40 页。

〔31〕母耕源：《马克龙政府的中东政策》，《国际问题研究》2019 年第 6 期，第 99-110 页。

〔32〕母仕洪、冀开运：《法国在两伊战争中的外交政策探析》，《内蒙古民族大学学报（社会科学版）》2017 年第 3 月，第 68-74 页。

〔33〕彭姝祎：《法国对外文化政策的欧洲化与认同问题》，《欧洲研究》2008 年第 1 期，第 59-73 页。

〔34〕彭姝祎：《试论法国的文化外交》，《欧洲研究》2009 年第 4 期，第 107-122 页。

〔35〕彭姝祎：《从戴高乐到马克龙：法国的非洲政策变化轨迹与内在逻

辑》,《西亚非洲》2019 年第 2 期，第 85-110 页。

[36] 秦亚青：《现实主义理论的发展及其批判》,《国际政治科学》2005 年第 2 期，第 138-166 页。

[37] 邱琳：《马克龙政府对印度政策评述》,《法语国家与地区研究》2018 年第 4 期，第 28-40 页。

[38] 邱琳：《法国马克龙政府亚太政策评述》,《区域与全球发展》2020 年第 2 期，第 122-138 页。

[39] 沈孝泉：《法美展开新一轮较量》,《瞭望》1997 年第 31 期，第 43 页。

[40] 史志钦：《欧元、美元与欧美关系》,《国际论坛》1999 年第 2 期，第 43-49 页。

[41] 史志钦：《欧洲社会极端主义日益多面化》,《人民论坛》2017 年第 1 期，第 32-34 页。

[42] 史志钦、刘力达：《民粹主义的蔓延与欧洲的未来》,《红旗文稿》2017 年第 8 期，第 34-36 页。

[43] 宋新宁：《探寻和平之路：欧洲一体化的历史渊源》,《世界政治研究》2020 年第 4 期，第 1-26 页。

[44] 田德文：《法国缘何频繁干预非洲》,《解放军报》2013 年 1 月 21 日第 7 版。

[45] 田德文：《法国能否成为第三种力量?》,《当代世界》2016 年第 2 期，第 30-33 页。

[46] 田德文：《法国新"文明语境"中的马克龙》,《人民论坛》2019 年第 34 期，第 120-122 页。

[47] 田野、张晓波：《国家自主性、中央银行独立性与国际货币合

作——德国国际货币政策选择的政治逻辑》,《世界经济与政治》2012 年第 1 期,第 93-111 页。

[48] 邢骅:《法国——丰赡多姿的文明 独树一帜的外交》,《深圳大学学报(人文社会科学版)》2008 年第 6 期,第 5-9 页。

[49] 汪波:《冷战后法国外交政策的调整》,《法国研究》2002 年第 1 期,第 144-153 页。

[50] 汪波:《论法国在前南联盟危机中的外交政策》,《法国研究》2003 年第 1 期,第 149-159 页。

[51] 汪伟民:《"希拉克主义"——法国对外政策调整评述》,《欧洲》1996 年第 5 期,第 47-52 页。

[52] 王琨:《马克龙执政以来法国对外战略特点探析》,《当代世界》2020 年第 1 期,第 56-61 页。

[53] 王晓雪、刘为群:《法国当前新的外交战略和政策》,《湖北大学学报(哲学社会科学版)》1998 年第 4 期,第 33-37 页。

[54] 吴国庆:《调整中的法国外交》,《欧洲》1993 年第 4 期,第 6-11 页。

[55] 吴志成、王霞:《欧洲化:研究背景、界定及其与欧洲一体化的关系》,《教学与研究》2007 年第 6 期,第 48-55 页。

[56] 熊世英:《奥朗德微妙转向亚洲》,《法国研究》2013 年第 2 期,第 79-84 页。

[57] 徐奇渊、周学智:《直面美国金融制裁威胁》,《财经》2019 年第 19 期,第 20-21 页。

[58] 徐奇渊:《为什么中国不可能被整体上踢出 SWIFT?》,《财经》2020 年第 16 期,第 8-9 页。

［59］杨成玉：《反制美国"长臂管辖"之道——基于法国重塑经济主权的视角》，《欧洲研究》2020 年第 3 期，第 1-31 页。

［60］杨京德：《面向多极世界的法国外交》，《瞭望》1997 年第 20 期，第 44 页。

［61］杨娜：《法国的文化外交及启示》，《南开学报（哲学社会科学版）》2014 年第 4 期，第 21-27 页。

［62］杨小舟：《法国在伊拉克危机中的外交政策》，《法国研究》2006 年第 2 期，第 95-100 页。

［63］易小明、胡俊：《法国新总统萨科齐外交政策初探》，《现代国际关系》2007 年第 8 期，第 18-22 页。

［64］余国庆：《马克龙时代法国中东政策初探》，《当代世界》2017 年第 9 期，第 42-45 页。

［65］张帆：《法国外交：从戴高乐到德斯坦》，《世界知识》1980 年第 19 期，第 6-9 页。

［66］张红：《法国对俄"摇摆"政策的国内外因素探析》，《俄罗斯研究》2018 年第 1 期，第 45-81 页。

［67］张骥：《法国"黄马甲"运动及其对法国外交的影响》，《当代世界》2019 年第 1 期，第 28-32 页。

［68］张骥：《开放的独立外交——2017 年法国总统大选与马克龙政府的外交政策》，《欧洲研究》2017 年第 5 期，第 113-127 页。

［69］张骥：《欧洲化的双向运动：一个新的研究框架》，《欧洲研究》2011 年第 6 期，第 131-144 页。

［70］张骥：《法国外交的独立性及其在中美战略竞争中的限度》，《欧洲研究》2020 年第 6 期，第 16-31 页。

［71］张嘉资：《伊拉克战争前后法国外交"三部曲"》，《南方论刊》2018 年第 2 期，第 34-35 页。

［72］张帅：《"石油美元"的历史透视与前景展望》，《国际石油经济》2017 年第 1 期，第 51-57 页。

［73］张小波、刘世强：《马克思主义国际关系理论的发展及其对国际关系学科的贡献》，《马克思主义研究》2020 年第 7 期，第 67-75 页。

［74］张旭：《蓬皮杜时期的法美关系》，《黑龙江史志》2008 年第 21 期，第 67-69 页。

［75］赵怀普：《英、法、德三国在欧洲防务特性问题上的政策》，《外交学院学报》2001 年第 2 期，第 47-52 页。

［76］赵怀普：《法美关系走强及其原因剖析》，《当代世界》2014 年第 5 期，第 36-40 页。

［77］赵怀普：《从"欧洲优先"到"美国优先"：美国战略重心转移对大西洋联盟的影响》，《国际论坛》2020 年第 3 期，第 49-65 页。

［78］赵怀普：《欧盟共同防务视阈下的"永久结构性合作"机制探究》，《欧洲研究》2020 年第 4 期，第 30-49 页。

［79］赵怀普：《拜登政府与美欧关系修复的空间及限度》，《当代世界》2021 年第 2 期，第 18-24 页。

［80］赵慧杰：《法国外交中的中东战略》，《西亚非洲》2006 年第 4 期，第 22-26 页。

［81］赵柯：《货币国际化的政治逻辑——美元危机与德国马克的崛起》，《世界经济与政治》2012 年第 5 期，第 120-141 页。

［82］赵永升：《马克龙外交思路辨析》，《环球时报》2019 年 10 月 24 日，第 15 版。

［83］郑春生、冯瑶瑶：《希拉克主义与戴高乐主义比较研究》，《内蒙古师范大学学报（哲学社会科学版）》2006 年第 1 期，第 119-124 页。

［84］周弘：《民族建设、国家转型与欧洲一体化》，《欧洲研究》2007年第 5 期。

［85］周弘：《关于欧美关系的新讨论》，《欧洲研究》2013 年第 6 期，第 1-4 页。

［86］周剑卿：《战后的法国外交》，《世界历史》1991 年第 6 期，第 42-49+88-125 页。

［87］周丕启：《战后初期法国对德政策的演变——兼论战后法国谋求国家安全的努力》，《国际政治研究》1996 年第 3 期，第 38-44 页。

［88］［德］赖纳·艾辛：《欧洲化和一体化：欧盟研究中的概念》，《南开学报（哲学社会科学版）》2009 年第 3 期，第 1-10 页。

（五）学位论文

［1］陈新丽：《萨科齐外交政策研究》，武汉大学博士学位论文，2011 年。

［2］龚权：《主要成员国对欧盟共同外交政策适应研究》，上海外国语大学博士学位论文，2019 年。

［3］阚四进：《法国欧洲一体化政策研究》，外交学院博士学位论文，2014 年。

［4］谈亚锦：《戴高乐外交政策路径选择研究（1958-1969 年）——基于博弈论的考察》，华东师范大学博士学位论文，2018 年。

［5］张骥：《法国与欧盟安全与防务政策（ESDP）：欧洲化的双向运动》，复旦大学博士学位论文，2009 年。

［6］张浚：《亚欧会议进程：重塑跨国政策协商的区域间合作机制》，中

国社会科学院研究生院博士学位论文，2005 年。

## 二、外文参考文献

（一）外文档案及官方文件、报告

［1］Elysée：Communiqué-Sommet des hautes ambitions climatiques 2020.

［2］Elysée：Déclaration Conjointe Chine France 2004.

［3］Elysée：Discours de Nicolas Sarkozy sur la Défense et la Sécurité Nationale.

［4］Elysée：Initiative pour l'Europe-Discours d'Emmanuel Macron pour une Europe souveraine, unie, démocratique.

［5］Elysée：Lettre du Président de la République, Charles de Gaulle, au Président américain, Lyndon Johnson, annonçant le retrait de la France de la structure militaire intégrée de l'OTAN.

［6］European Community：Treaty of Maastricht, 7 February 1992.

［7］European Council：European Council Declaration on China, June 1989, No. 6/1989.

［8］European Council：Declaration of the European Council on Strengthening the Common European Policy on Security and Defense, May 2001.

［9］European Council：European Council Presidency Conclusion, December 12, 2003.

［10］European External Action Service：The State of the Union 2018：The Hour of European Sovereignty

［11］European Union：Treaty of Amsterdam, 2 October 1997.

［12］European Union：Treaty of Nice, 26 February 2001.

［13］European Union：Treaty of Lisbon, 3 November 2009.

［14］France and Britain：Saint-Malo Declaration, 4 December 1998.

［15］ French Republic, Belgium, Federal Republic of Germany, Italian Republic, Luxembourg, Netherlands: Treaty of Rome, 25 March 1957.

［16］ La Documentation française: Annuaire Français de Relations Internationales 2007.

［17］ La Documentation française: Annuaire Français de Relations Internationales 2008.

［18］ La Documentation française: Annuaire Français de Relations Internationales 2016.

［19］ Ministère des Affaires Etrangères de la République française: Documents Diplomatiques Français 1963.

［20］ Ministère des Affaires Etrangères de la République française: Documents Diplomatiques Français 1964.

［21］ Ministère des Affaires Etrangères de la République française: Documents Diplomatiques Français 1965.

［22］ Ministère des Affaires Etrangères de la République française: Documents Diplomatiques Français 1966.

［23］ Ministère des Affaires Etrangères de la République française: Documents Diplomatiques Français 1973.

［24］ Ministère de la Défense de la République française: La France et la sécuritéen Asie-Pacifique, 2014.

［25］ NATO: EU-NATO Declaration on ESDP, 12 December 2002.

［26］ United States Department of Defense: Annual Report to Congress: The military power of the People's Republic of China 2005, 2005.

［27］ Von der Leyen, Ursula: A Union that Strives for More: My agenda for

Europe, Political Guidelines for the Next European Commission 2019–2024.

（二）外文专著、编著

［1］Albers, Martin, *Britain, France, West Germany and the People's Republic of China*, 1979–1982, New York: Palgrave Macmillan, 2016.

［2］Betbèze, Jean-Paul, *Crise: Une Chance pour la France*, Paris: Presses universitaire de France, 2009.

［3］Bitsch, Marie-Thérèse, *Histoire de la Construction Européenne*, Bruxelles: Edition Complexe, 2006.

［4］Bossuat, Gérard（dir.）, *La France, l'Europe et l'aide au développement. Des traités de Rome à nos jours*, Paris: Institut de la gestion publique et du développement économique, Comité pour'histoire économique et financière de la France, 2013.

［5］Bozo, Frédéric, *French foreign policy since 1945: An Introduction*, New York: Berghahn Books, 2016.

［6］Bozo, Frédéric, *La Politique Etrangère de la France depuis 1945*, Paris: Flammarion, 2019.

［7］Bulmer, Simon, Christian Lequesne（dir.）, *The Member States of the European Union*, Oxford: Oxford University Press, 2005.

［8］Calleo, David P. , *Rethinking Europe's Future*, Princeton: Princeton University Press, 2011.

［9］Caton, Valerie, *France and the Politics of European Economic and Monetary Union*, New York: Palgrave Macmillan, 2015.

［10］Cole, Alistair, *French Politics and Society*, London: Prentice Hall, 1998.

[11] Cowles, M. G. , J. Caporaso, and T. Risse, *Transforming Europe: Europeanization and Domestic Change*, Ithaca: Cornell University Press, 2001.

[12] Defraigne, Jean – Christophe et Patricia Nouveau, *Introduction à l' Économie Européenne*, Bruxelles: De Boeck, 2013.

[13] Desuin, Hadrien, *La France atlantiste ou le naufrage de la diplomatie française*, Paris: Les éditions du Cerf, 2017.

[14] de Wilde, Tanguy d' Estmael, Tanguy Struye de Swielande, *La Chine sur la Scène Internationale Vers une Puissance Responsible*, Bruxelles: P. I. E. Peter Lang, 2012.

[15] Duez, Denis, Olivier Paye, Christophe Verdure, *L' Européanisation. Sciences humaines et nouveaux enjeux*, Bruxelles: Bruylant, 2014.

[16] Dumasy, Jacques, Christine Cornet, Emmanuel Lincot, *La France et la Chine* (1248–2014): *De la méconnaissance à la reconnaissance*, Paris: Nicolas Chaudun, 2014.

[17] El – Agraa, Ali M. , *The European Union – Economics and Policies*, Cambridge: Cambridge University Press, 2007.

[18] Eighengreen, Barry, *The European Economy since* 1945, Princeton: Princeton University Press, 2007.

[19] Favier, Pierre, Michel Martin–Roland, *La décennie Mitterrand*, Paris: Seuil, 1996.

[20] Featherstone, K. , C. Radaelli, *The Politics of Europeanization*, Oxford: Oxford University Press, 2003.

[21] Gaillard, Marion, *France–Europe: Politique européenne de la France de 1950 à nos jours*, Louvain-la-Neuve et Paris: De Boeck, 2010.

［22］ Gfeller, Aurélie Élisa, *Building a European Identity: France, the United States, and the Oil Shock*, 1973-1974, New York: Berghahn Books, 2012.

［23］ Gomart, Thomas et Marc Hecker (dir.), *Macron, an I. Quelle politique étrangère?*, Paris: Études de l'Ifri, Ifri, avril 2018.

［24］ Gordon, Phillip H., *A Certain Idea of France: French Security Policy and Gaullist Legacy*, Princeton: Princeton University Press, 1993.

［25］ Hadfield, Amelia, Ian Manners and Ricard G. Whitman, *Foreign Policies of EU Member States-Continuity and Europeanization*, New York: Routledge, 2017.

［26］ Katzenstein, J., Peter and Robert O. Keohane, *Anti-Americanisms in World Politics*, Ithaca: Cornell University Press, 2006.

［27］ Kerr, David and Liu Fei: *The International Politics of EU-China Relations*, Oxford: Oxford University Press, 2007.

［28］ Kohl, Wilfred L., *French Nuclear Diplomacy*, Princeton: Princeton University Press, 2015.

［29］ Krouck, Bernard, *De Gaulle et la Chine: La politique française à l'égard de la République Populaire de Chine* (1958-1969), Paris: Les Indes savantes, 2012.

［30］ Loedel, Peter H., *Deutsche Mark Politics: Germany in the European Monetary System*, Boulder: Lynne Rienner, 1999.

［31］ Manners, I. and R. Whitman, *The Foreign Policies of the European Union Member States*, Manchester: Manchester University Press, 2001.

［32］ Meijer, Hugo and Marco Wyss, *The Handbook of European Defence Policies and Armed Forces*, Oxford: Oxford University Press, 2019.

［33］ Morse, Edward, *Foreign Policy and Interdependence in Gaullist France*, Princeton: Princeton University Press, 2015.

［34］ Nuenlist, Christian, Anna Locher, and Garret Martin, *Globalizing de Gaulle International Perspectives on French Foreign Policies*, 1958–1969, Lanham: Lexington Books, 2010.

［35］ Ostermann, Falk, *Security, Defense Discourse and Identity in NATO and Europe: How France Changed Foreign Policy*, New York: Routledge, 2019.

［36］ Panon, Xavier, *Dans les coulisses de la diplomatie française – De Sarkozy à Hollande*, Paris: L' Archipel, 2015.

［37］ Peyrefitte, Alain, *C' était de Gaulle*, Paris: Editions de Fallois/Fayard, 1994.

［38］ Rieker, Pernille, *French Foreign Policy in a Changing World–Practising Grandeur*, New York: Palgrave Macmillan, 2017.

［39］ Ruano, Lorena, *The Europeanization of National Foreign Policies towards Latin America*, New York: Routeledge, 2012.

［40］ Saint–Gilles, Laurence, *La présence culturelle de la France aux Etats–Unis pendant la guerre froide: 1944–1963*, Paris: Editions L' Harmattan, 2007.

［41］ Sudreau, Pierre, *Au–delà de toutes les Frontières*, Paris: Odile Jacob, 2002.

［42］ Sutton, Michael, *France and the Construction of Europe*, 1944–2007: *The Geopolitical Imperative*, New York: Berghahn Books, 2011.

［43］ Torney, Diarmuid, *European Climate Leadership in Question: Policies toward China and India*, Cambridge: The MIT Press, 2015.

［44］ Vaïsse, Maurice, Pierre Mélandri et Frédéric Bozo（dir）, *La France et l' OTAN* 1949-1996, Bruxelles: Edition Complexe, 1996.

［45］Vaïsse, Maurice, *La Grandeur: Politique Etrangère du Général de Gaulle*, 1958-1969, Paris: Fayard, 1998.

［46］Vaïsse, Maurice, *La puissance ou l' influence? La France dans le monde depuis* 1958, Paris: Fayard, 2009.

［47］Vaïsse, Maurice et Christian Wenkel, *La Diplomatie française face à l' unification allemande*, Paris: Tallandier, 2011.

［48］Vaïsse, Maurice et Christian Lequesne, *La Politique Etrangère de Jacques Chirac*, Paris: Riveneuve, 2013.

［49］Wong, Reuben and Christopher Hill, *National and European Foreign Policies-Towards Europeanization*, New York: Routledge, 2011.

［50］Wong, Reuben Y., *The Europeanization of French Foreign Policy - France and the EU in East Asia*, New York: Palgrave Macmillan, 2006.

［51］Wouters, Jan, Tanguy de Wilde, Pierre Defraigne, Jean-Christophe Defraigne, *China, the European Union and global governance*, Leuven: Leuven Global Governance, 2012.

（三）外文期刊

［1］Balleix, Corinne, "La politique française de coopéation au développement Cinquante ans d' histoire au miroir de l' Europe", *Afrique Contemporaine*, Vol. 4, 2010, No. 236, pp. 95-107.

［2］Biersteker, Thomas and Clara Portela, "EU Sanctions in Context: Three types", *European Union Institute for Security Studies*, 2015 July.

［3］Bonin, Hubert, "L' action du Premier Ministre Chaban-Delmas pour rendre la France Industrielle plus Performante (1969-1972) ", *Revue Historique*,

Vol. 2, 2010, No. 654, pp. 397-426.

[4] Börzel, T. A., "Pace-Setting, Foot-Dragging, and Fence-Sitting: Member State Responses to Europeanization", *Journal of Common Market Studies*, Vol. 40, 2002, pp. 193-214.

[5] Bowen, Norman, "Multilateralism, Multipolarity, and Regionalism: The French Foreign Policy Discourse", *Mediterranean Quarterly*, Volume 16, Number 1, Winter 2005, pp. 94-116.

[6] Camroux, David, "The Rise and Decline of the Asia-Europe Meeting (ASEM): Assymmetric Bilateralism and the Limitations of Interregionalism", *Les Cahiers européennes de Science Po*, numéro 04.

[7] Casarini, Nicola, "The international politics of the Chinese arms embargo issue ", *The International Spectator*, Vol. 42, No. 3, September 2007, pp. 371-389.

[8] Charillon, Frédéric, "La France peut-elle encore agir sur le monde?", *Revue française de science politique*, Vol. 62, No. 2 (Avril 2012), pp. 302-303.

[9] Damro, C., "Market Power Europe", *Journal of European Public Policies*, 01 Mar 2012, pp. 692-699.

[10] De Flers, Nicole Alecu and Patrick Müller, "Dimensions and Mechanisms of the Europeanization of Member State Foreign Policy: State of the Art and New Research Avenues", *Journal of European Integration*, 2012, Vol. 34: 1, pp. 19-35.

[11] Dorient, René, "Un septennat de politique asiatique: Quel bilan pour la France", *Politique Etrangère*, 1/2002, pp. 173-188.

[12] Ghez, Jeremy, Stephen Larrabee, "France and Nato", *Survival*,

Vol. 51, No. 2, April–May 2009, pp. 77–90.

[13] Ginsberg, Roy H. , "Conceptualizing the European Union as an International Actor: Narrowing the Theoretical Capability–Expectations Gap", *Journal of Common Market Studies*, Vol. 37, No. 3, September 1999, pp. 429–454.

[14] Heisbourg, François, "European defense takes a leap forward", *NATO Review*, Volume 48, Number 1, Spring–Summer 2000, pp. 8–11.

[15] Hoffmann, Stanley, "Obstinate or Obsolete? The Fate of the Nation–State and the Case of Western Europe", Daedalus, Vol. 95, No. 3, *Tradition and Change*, *Summer*, 1966, pp. 862–915.

[16] Irondelle, Bastien, "European Foreign Policy: The End of French Europe?", *European Integration*, Vol. 30: 1, pp. 153–168.

[17] Irondelle, Bastien, "Europeanization without the European Union? French Military Reforms 1991–1996", *Journal of European Public Policy*, 10: 2 April 2003.

[18] Jacquot, S. , and C. Woll, "Usage of European Integration–Europeanisation from a Sociological Perspective", *European Integration Online Papers* (*EIoP*), No. 7, 2003.

[19] Jeannesson, Stanislas, "Diplomatie et Politique Etrangère de la France Contemporaine: Un Bilan Historio Graphique depuis 1990, Histoire", *Économie et Société*, Vol. 31, No. 2,  "Nouvelles Approches en Histoire de la France", *Contemporaine* (*Juin* 2012), pp. 87–98.

[20] Khaver, Ahmed Awais, Muhammad Awais Umar and Shafqat Munir Ahmad, "Evaluating Foreign Policy of Pakistan in the Context of Strategic Coercion", *Sustainable Development Policy Institute* (2019) .

［21］Knill, Christophe, Dirk Lehmkuhl, "The National Impact of European Union Regulatory Policy: Three Europeanization Mechanisms", *European Journal of Political Research*, 41, 2002, pp. 255–280.

［22］Kreutz, Joakim, "Reviewing the EU Arms Embargo on China: The Clash between Value and Rationale in the European Security Strategy", *Perspective*, 22/2004, pp. 43–58.

［23］Ladrech, R., "Europeanization of Domestic Politics and Institutions: The Case of France", *Journal of Common Market Studies*, 32/1, 1994, pp. 69–88.

［24］Lefebvre, Maxime, "Europe puissance, souveraineté européenne, autonomie stratégique: Un débat qui avance pour une Europe qui s' affirme", *Question d' Europe*, No. 582, 1 février 2021.

［25］Leonard, Mark, Jean Pisani-Ferry, Elina Ribakova, Jeremy Shapiro and Guntram Wolff, "Redefining Europe's Economic Sovereignty", *Policy Contribution*, June 2019.

［26］Manners, I., "Normative Power Europe: A Contradiction in Terms?", *Journal of Common Market Studies*, Vol. 40, No. 2, 2002, pp. 235–258.

［27］Mengin, François, "La politique chinoise de la France: Du mythe de la relation privilégiée au syndrome de la normalisation", *Critique Internationale*, 2001/3, pp. 89–110.

［28］Müller, Patrick, "The Europeanization of France's Foreign Policy towards the Middle East Conflict-from Leadership to EU-accommodation", *European Security*, Vol. 22 (1), March 2013, pp. 113–128.

［29］Naim-Gesbert, Éric, "Accord de Paris sur le Climat: Commencement d' une Mutation de Notre Temps?", *Revue juridique de l' environnement*, No. 2,

2012, pp. 210-212.

[30] Olsen, J. P. , "The Many Faces of Europeanization", *Journal of Common Market Studies*, 40/5, 2002, pp. 921-952.

[31] Poitevin, Cédric, "Embargo de l'UE sur les ventes d'armes à la Chine: Stop ou encore?", *Note d'analyse du GRIP*, le 1er novembre 2006.

[32] Pouponneau, Florent, "Les changements de la politique française d'exportations nucléaires (1974-1976): Un tripledouble jeu", *Critique internationale*, No. 58 (janvier-mars 2013), pp. 95-116.

[33] Remond, Mathieu, "Vente d'armes à la Chine: la fin de l'embargo européen?", *Politique Étrangère*, Vol. 2, Summer 2008, pp. 307-318.

[34] Sägesser, Caroline, "Les droits de l'homme", *Dossiers du CRISP*, 2009/2, pp. 9-96.

[35] Schmidt, V. A. , "Europeanization of National Democracies: The Differential Impact on Simple and Compound Politics", *Politique Européenne*, Numéro 13, 2004/2, pp. 115-142.

[36] Vaïsse, Maurice, "France and NATO: A Historical Account", *Politique Étrangère*, Vol. 4, 2009, pp. 861-872.

[37] Terres, Hadrienne, "Le 《Pivot》 Français vers l'Asie: une Ébauche déjà Dépassée", *Politique Étrangère*, 2006/1 Printemps, pp. 177-188.

（四）外文采访及网络资料

[1] 欧委会对外关系司司长 Edmund Wellenstein: https://www. cvce. eu/obj/interview_d_edmund_wellenstein_les_enjeux_politiques_et_economiques_de_la_visite_de_la_commission_europeenne_en_chine_en_1975_la_haye_27_aout_2009-fr-ce45c32c-3ddb-4bec-bece-09156f6ed4e3. html.

［2］法国外交部长 Jean-Yves Le Drian：https：//www. franceinter. fr/e-missions/l-invite-de-7h50/l-invite-de-7h50-23-fevrier-2021.

［3］BFM Business：https：//www. bfmtv. com.

［4］Centre for European Reform：https：//www. cer. eu/.

［5］China Daily：https：//www. chinadaily. com. cn/china/.

［6］EEAS：https：//eeas. europa. eu/.

［7］EUR-Lex：https：//eur-lex. europa. eu.

［8］EURACTIVE：https：//www. euractiv. fr.

［9］European Commission：https：//ec. europa. eu/info/index_ en.

［10］European Council on Foreign Relations：https：//ecfr. eu.

［11］Fondation Jean Jaurès：https：//jean-jaures. org.

［12］Fondation Res Publica：https：//www. fondation-res-publica. org.

［13］Politico：https：//www. politico. eu.

［14］The World News：https：//theworldnews. net.

［15］Tribune de Genève：https：//www. tdg. ch.

［16］OTAN（Délégation France）：https：//otan. delegfrance. org.

［17］UN Comtrade：https：//comtrade. un. org/.